INTRODUCTION

This beautiful book contains words and phrases in four major South African languages: English, Afrikaans, Xhosa and Zulu. It is aimed at adults and children. The words are arranged under 43 subjects for easy reference. More than 500 color photos of the real objects are included to illustrate words and phrases. It is an extremely useful book for any person who wishes to learn one of these languages, tourists and South Africans living overseas.

CONTENTS—INHOUD—SIQULATHO—OKUPHAKATHI

17. Food—Kos—Ukutya—Ukudla

18. Drinks—Dranke—Iziselo—Iziphuzo

19. Fruit—Vrugte—Isiqhamo—Izithelo

20. Vegetables—Groente—Imifuno—Imifuno

21. Flowers—Blomme—Iintyatyambo—Izimbali

22. House—Huis—Indlu—Indlu—

23. Kitchen—Kombuis—Ikhitshi—Ikhishi

24. Lounge—Sitkamer—Ilawunji—Ilawunji

25. Bedroom—Slaapkamer—Igumbi lokulala—Ikamelo—lokulala

26. Bathroom—Badkamer—Igumbi lokubhafa—Ibhavulumu

27. Garden—Tuin—Igadi—Ingadi

28. Farm—Plaas—Ifama—Ipulazi

29. Town—Stad—Idolophu—Idolopha

30. Station—Stasie—Isitishi—Isiteshi

31. Post office—Poskantoor—Iposofisi—Iposi

32. School/Office—Skool/Kantoor—Isikolo/Iofisi—Isikole/Ihovisi

33. Hospital—Hospitaal—Isibhedlele—Isibhedlela

34. Disease—Siekte—Isifo—Isifo

35. Workshop—Werkswinkel—Indlu yokusebenzela—Ishabhu

36. Sea—See—Ulwandle—Ulwandle

37. Transport—Vervoer—Isithuthi—Intalasipoti

38. Music—Musiek—Umculo—Umculo

39. Sport—Sport—Imidlalo—Imidlalo

40. Careers—Beroepe—Imisebenzi—Imisebenzi

1. Coat of arms (South Africa)—Landswapen—Umfuziselo Isiphandla—Isiphandla

2. Motto (South Africa)—Leuse—Isaci—Isaga

E English—A Afrikaans—X Xhosa—Z Zulu

Motto: !KE E: /XARRA //KE

E Diverse people unite

A Eenheid in verskeidenheid

X Bantu abahlukeneyo manyanani

Z Bantu abahlukahlukene hlanganani

3. National Anthem (South Africa)—Volkslied
Umhobe weSizwe—Ihubo leSizwe

Nkosi sekelel' iAfrika
Maluphakanyisw' uphondo lwayo,
Yizwa imithandazo yethu,
Nkosi sikelela, thina lusapho lwayo.

Morena boloka setjhaba sa heso,
O fedise dintwa le matshwenyeho.
O se boloke, o se boloke setjhaba sa heso,
Setjhaba sa South Afrika, South Afrika.

Uit die blou van onse hemel,
Uit die dieptes van ons see,
Oor ons ewige gebergtes,
Waar die kranse antwoord gee,

Sounds the call to come together,
And united we shall stand,
Let us live and strive for freedom,
In South Africa our land.

4. National symbols (South Africa)—Nasionale simbole Imiqondiso kaZwelonke—Izimpawu zeSizwe

E English—A Afrikaans—X Xhosa—Z Zulu

E Animal: Springbuck/Springbok (*Antidorcas marsupialis*)

A Dier: Springbok

X Isilwanyana: Ibhadi

Z Isilwane: Insephe

E Bird: Blue Crane (*Anthropoides paradisia*)

A Voël: Bloukraanvoël

X Intaka: Indwe

Z Inyoni: Indwa

E Fish: Galjoen (*Coracinus capensis*)
A Vis: Galjoen
X Intlanzi: iGalyoni
Z Inhlanzi: iGalijuni

E Flower: Giant/King Protea (*Protea cynaroides*)
A Blom: Reuse/Koningsprotea
X Intyatyambo: Isiqwene
Z Imbali: iMbali iProthiya

E Tree: Real Yellowwood (Podocarpus latifolius)
A Boom: Opregte Geelhout
X Umthi: Uqobo lomkhoba
Z Isihlahla: uMsonti

5. National flag (South Africa)—Nasionale vlag—Iflegi yeSizwe

Ifulegi yeSizwe

6. Forms of greeting—Maniere om te groet
lindlela zokubulisa—Inzindlela zubingelela

E English—A Afrikaans—X Xhosa—Z Zulu

E Good afternoon (a group)

A Goeiemiddag

X Molweni

Z Sanibona

E Good afternoon (one person)

A Goeiemiddag

X Molo

Z Sawubona

E Good evening (a group)

A Goeienaand

X Molweni

Z Sanibona

E Good evening (one person)

A Goeienaand

X Molo

Z Sawubona

E Good morning
A Goeiemôre
X Molweni
Z Sanibona

E Good morning (one person)
A Goeiemôre
X Molo
Z Sawubona

E Good night (a group)
A Goeienag
X Nilale kakuhle
Z Nilale kahle

E Good night (one person)
A Goeienag
X Ulale kakuhle
Z Ulale kahle

E Go well (a group)
A Laat dit goed gaan
X Nihambe kakuhle
Z Hambani kahle

E Go well (one person)

A Laat dit goed gaan

X Hamba kakuhle

Z Hamba kahle

E Hello (a group)

A Hallo

X Molweni

Z Sanibona

E Hello (one person)

A Hallo

X Molo

Z Sawubona

7. Numbers—Getalle—Amanani—Izinombolo

E English—A Afrikaans—X Xhosa—Z Zulu

1

E one
A een
X isinye
Z kunye

2

E two
A twee
X isibini
Z kubili

3

E three
A drie
X isithathu
Z kuthathu

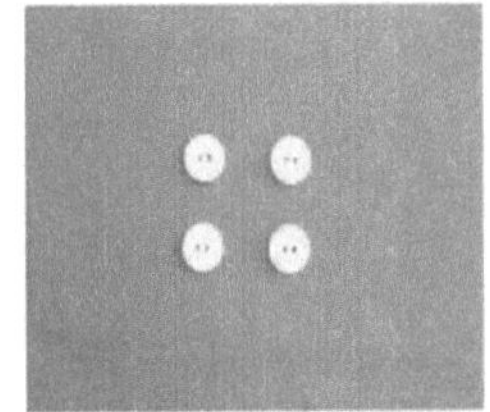

4

E four
A vier
X isine
Z kune

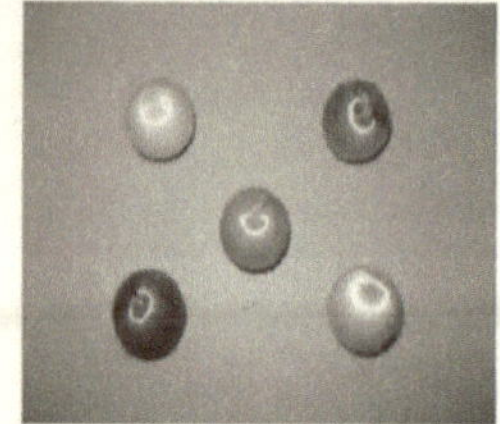

5

E five
A vyf
X isihlanu
Z isihlanu

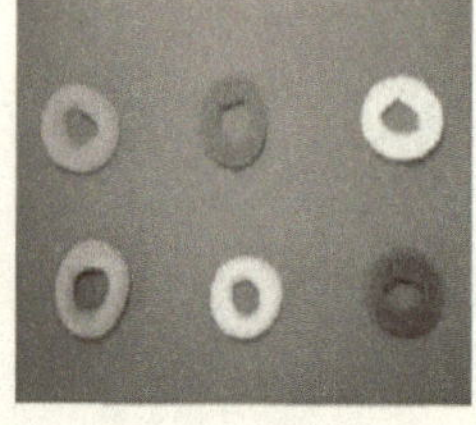

6

E six
A ses
X isithandathu
Z isithupha

7

E seven
A sewe
X isixhenxe
Z isikhombisa

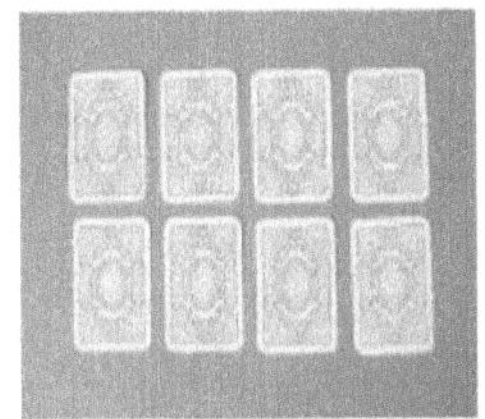

8

E eight
A agt
X isibhozo
Z isishiyagalombili

9

E nine
A nege
X ithoba
Z isishiyagalolunye

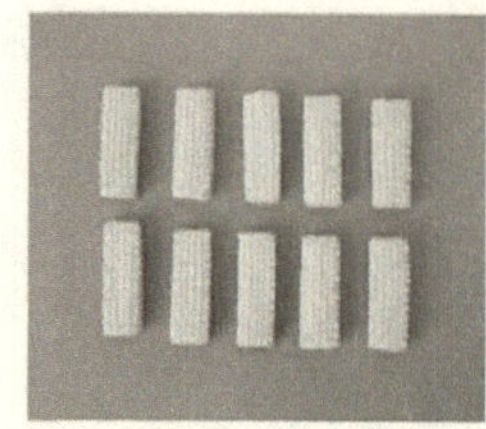

10

E ten
A tien
X ishumi
Z ishumi

20

E twenty
A twintig
X amashumi amabini
Z amashumi amabili

30

E thirty
A dertig
X amashumi amathathu
Z amashumi amathathu

40

E forty
A veertig
X amashumi amane
Z amashumi amane

50

E fifty
A vyftig
X amashumi amahlanu
Z amashumi amahlanu

60

E sixty
A sestig
X amashumi amathandathu
Z amashumi ayisithupha

70

E seventy
A sewentig
X amashumi asixhenxe
Z amashumi ayisikhombisa

80

E eighty
A tagtig
X amashumi asibhozo
Z amashumi ayisishiyagalombili

90

E ninety
A neëntig
X amashumi alithoba
Z amashumi ayisishiyagalolunye

100

E hundred

A honderd

X ikhulu

Z ikhulu

1 000

E thousand

A duisend

X iwaka

Z inkulungwane

8. Colors (colours)—Kleure—Imibala—Imibala

E black
A swart
X mnyama
Z mnyama

E blue
A blou
X luhlaza
Z ubhuluwu

E brown
A bruin
X ntsundu
Z nsundu

E gray (Brit. grey)
A grys
X ngwevu
Z mpunga

E green
A groen
X luhlaza
Z luhlaza

E orange
A oranje
X orenji
Z wolintshi

E pink
A pienk
X pinki
Z bomvana

E purple
A pers
X mfusa
Z bunsomi

E red
A rooi
X bomvu
Z bomvu

E turquoise
A turkoois
X buluhlaza
Z bukhwebezane

E white
A wit
X mhlophe
Z mhlophe

E yellow
A geel
X lubhelu
Z liphuzi

9. Shapes—Vorms—Ukuma—Izimo

E English—A Afrikaans—X Xhosa—Z Zulu

E circle
A sirkel
X isangqa
Z isiyingi

E cube
A kubus
X ikyubhu
Z ikhuyubhu

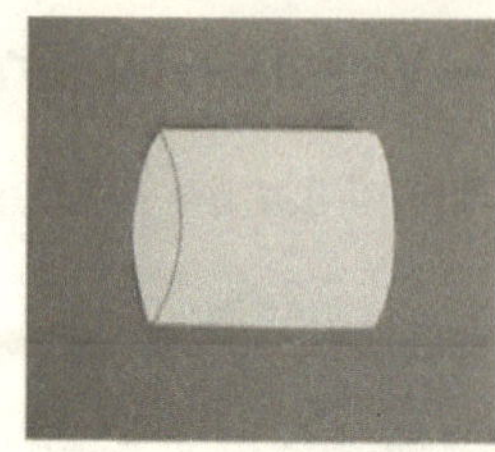

E cylinder
A silinder
X isilinda
X isilinda

E diamond
A diamant
X idayimani
Z idayimani

E heart
A hart
X intliziyo
Z inhliziyo

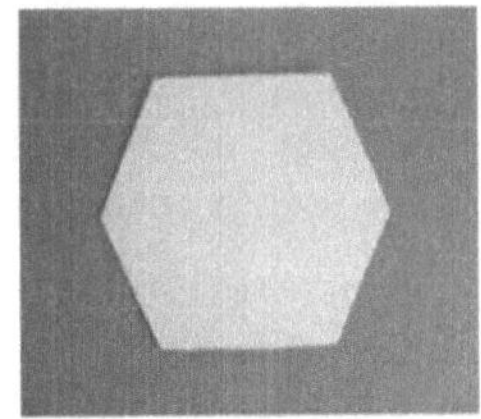

E hexagon

A seshoek

X unxantandathu

Z unxasithupha

E pentagon

A vyfhoek

X umbombo-ntlanu

Z unxanhlanu

E rectangle

A reghoek

X uxande

Z unxande

E semicircle
A halfsirkel
X usingasangqa
Z umkhumbi

E square
A vierkant
X isikwere
Z isikwele

E star
A ster
X inwenkwezi
Z inkanyezi

E triangle
A driehoek
X unxantathu
Z unxantathu

10. Days—Dae—Iintsuku—Izinsuku

E Monday
A Maandag
X uMvulu
Z uMsombuluko

E Tuesday
A Dinsdag
X uLwesibini
Z uLwesibili

E Wednesday
A Woensdag
X uLwesithathu
Z uLwesithathu

E Thursday
A Donderdag
X uLwesine
Z uLwesine

E Friday
A Vrydag
X uLwesihlanu
Z uLwesihlanu

E Saturday
A Saterdag
X uMgqibelo
Z uMgqibelo

E Sunday
A Sondag
X iCawa
Z iSonto

E January
A Januarie
X uJanuwari
Z uJanuwari

E February
A Februarie
X uFebruwari
Z uFebruwari

E March
A Maart
X uMatshi
Z uMashi

E April
A April
X uAprili
Z uAprili

E May
A Mei
X uMeyi
Z uMeyi

E June
A Junie
X uJuni
Z uJuni

E July
A Julie
X Julayi
Z uJulayi

E August
A Augustus
X uAgasti
Z uAgasti

E September
A September
X uSeptemba
Z uSepthemba

E October

A Oktober

X uOktobha

Z uOkthoba

E November

A November

X uNovemba

Z uNovemba

E December

A Desember

X uDisemba

Z uDisemba

12. Seasons—Seisoene—Amaxesha onyaka
Izikhathi zonyaka

E English—A Afrikaans—X Xhosa—Z Zulu

E spring
A lente
X intwasahlobo
Z intwasahlobo

E summer
A somer
X ihlobo
Z ihlobo

E autumn
A herfs
X ukwindla
Z ukwindla

E winter
A winter
X ubusika
Z ubusika

13. Animals—Diere—Izilwanyana—Izilwane

E English—A Afrikaans—X Xhosa—Z Zulu

E baboon
A bobbejaan
X imfene
Z imfene

E bat
A vlermuis
X ilulwane
Z ilulwane

E bee
A by
X inyosi
Z inyosi

E bird
A voël
X intaka
Z inyoni

E blue crane
A bloukraanvoël
X indwe
Z indwa

E buffalo
A buffel
X inyathi
Z inyathi

E butterfly
A skoenlapper
X ibhabhathane
Z uvemvane

E calf
A kalf
X inkonyane
Z inkonyane

E cat
A kat
X ikati
Z ikati

E chameleon
A verkleurmannetjie
X unwabu
Z unwabu

E cheetah
A jagluiperd
X ingwenkala
Z ingulule

E cock
A haan
X umqhagi
Z iqhude

E cow
A koei
X imazi
Z inkomazi

E crab
A krap
X unonkala
Z inkala

E crocodile
A krokodil
X ingwenya
Z ingwenya

E crow
A kraai
X unomyayi
Z igwababa

E dog
A hond
X inja
Z inja

E dolphin
A dolfyn
X ihlengesi
Z uhlobo lwehlenqethwa

E donkey
A donkie
X idonki
Z imbongolo

E dove
A duif
X ihobe
Z ijuba

E duck
A eend
X idada
Z idada

E earthworm
A erdwurm
X umsundulu
Z umsundu

E elephant
A olifant
X indlovu
Z indlovu

E fish
A vis
X intlanzi
Z inhlanzi

E foal
A vul/vulletjie
X inkonyane yehashe
Z inkonyane yehashi

E frog
A padda
X isele
Z isele

E giraffe
A kameelperd
X indlulamthi
Z indlulamithi

E goat
A bok
X ibhokhwe
Z imbuzi

E goose
A gans
X irhanisi
Z ihansi

E gorilla
A gorilla
X igorila
Z igorila

E hare
A haas
X umvundla
Z umvundla

E hen
A hen
X isikhukukazi
Z isikhukukazi

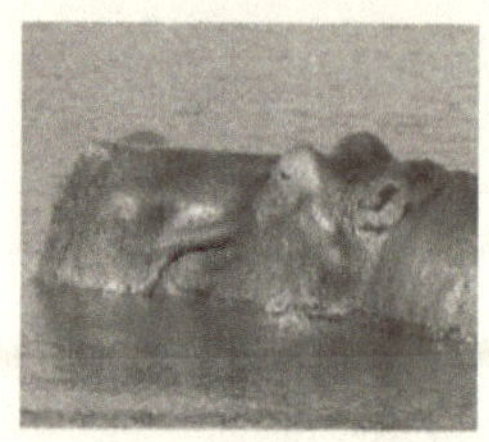

E hippopotamus
A seekoei
X imvubu
Z imvubu

E horse
A perd
X ihashe
Z ihhashi

E hyena
A hiëna
X ingcuka
Z impisi

E jackal

A jakkals

X udyakalashe

Z impungushe

E kitten

A katjie

X intshontsho lekati

Z izinyane lekati

E kudu

A koedoe

X iqudu

Z umgankla

E ladybug (Brit. ladybird)
A lieweheersbesie
X ubhantom
Z umanqulwana

E lamb
A lam
X itakane
Z imvana

E leopard
A luiperd
X ihlosi
Z ingwe

E lion
A leeu
X ingonyama
Z ibhubesi

E lizard
A akkedis
X icilikishe
Z isibankwa

E meerkat
A meerkat
X igala
Z ububhibhi

E mole
A mol
X intuku
Z ivukuzi

E monkey
A apie
X inkawu
Z inkawu

E moth
A mot
X uvivingane
Z ibhu

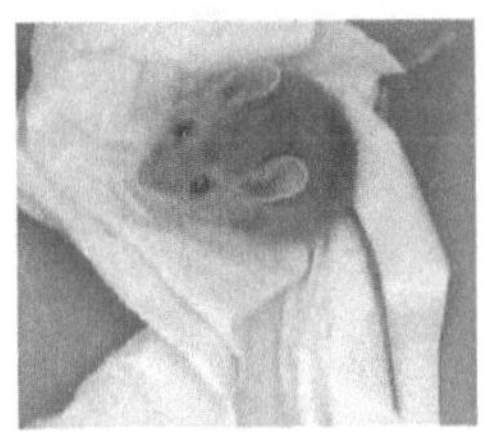

E mouse
A muis
X impuku
Z impuku

E ostrich
A volstruis
X inciniba
Z intshe

E owl
A uil
X isikhova
Z isikhova

E parrot
A papegaai
X isikhwenene
Z isikhwenene

E pelican
A pelikaan
X ingcwangube
Z ifuba

E penguin
A pikkewyn
X iphengwini
Z iphengwini

E pig
A vark
X ihagu
Z ingulube

E porcupine
A ystervark
X incanda
Z ingungumbane

E rabbit
A konyn
X umvundla
Z unogwaja

E rat
A rot
X ibuzi
Z ibuzi

E rhinoceros
A renoster
X umkhombe
Z ubhejane

E seagull
A seemeeu
X ingabangaba
Z uhlobo lwenyoni yasolwandle

E seal
A rob
X intini yolwandle
Z imvu yamanzi

E sheep
A skaap
X igusha
Z imvu

E snail
A slak
X inkumba
Z umnenke

E snake
A slang
X inyoka
Z inyoka

E spider
A spinnekop
X isigcawu
Z isicabucabu

E springbok/springbuck
A springbok
X ibhadi
Z insephe

E squirrel
A eekhoring
X unomatse
Z ingwejeje

E stork
A ooievaar
X ingwamza
Z unogolantethe

E swan
A swaan
X untamonde wedada
Z isiwoni

E tortoise
A skilpad
X ufudo
Z ufudu

E whale
A walvis
X umnenga
Z umkhomo

E worm
A wurm
X umbungu
Z isibungu

E zebra
A sebra
X iqwarha
Z idube

14. The body—Die liggaam—Umzimba—Umzimba

E English—A Afrikaans—X Xhosa—Z Zulu

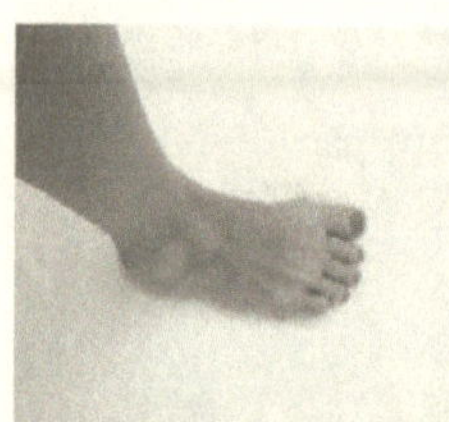

E ankle
A enkel
X iqatha
Z qakala

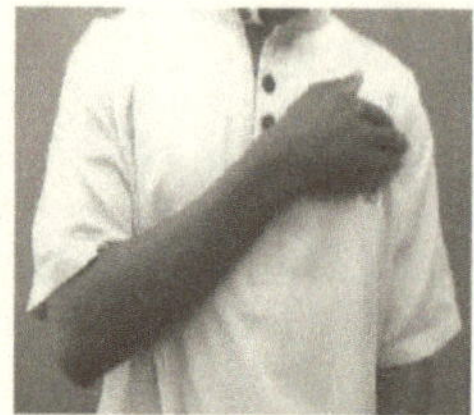

E arm
A arm
X ingalo
Z ingalo

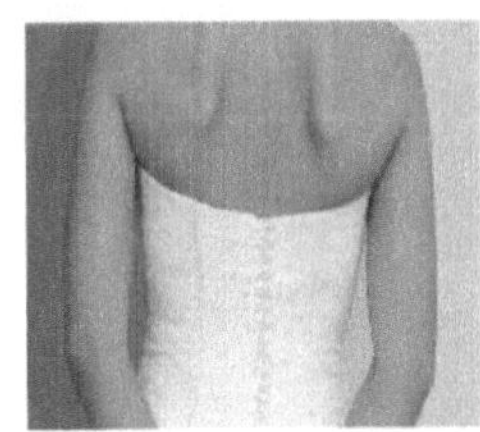

E back
A rug
X umhlana
Z umhlane

E cheek
A wang
X isidlele
Z isihlathi

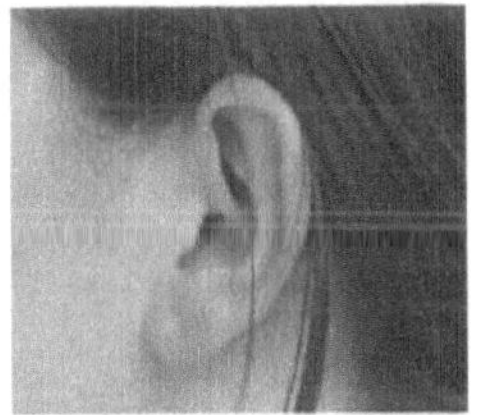

E ear
A oor
X indlebe
Z indlebe

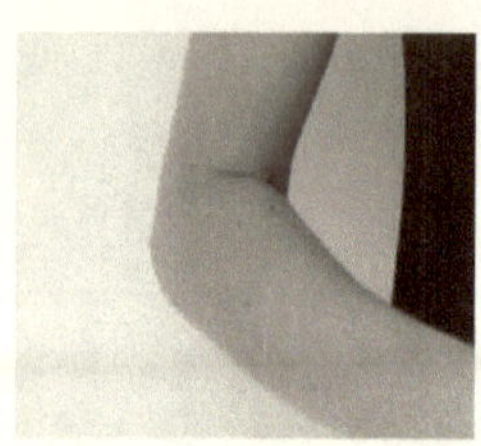

E elbow
A elmboog
X ingqiniba
Z indololwane

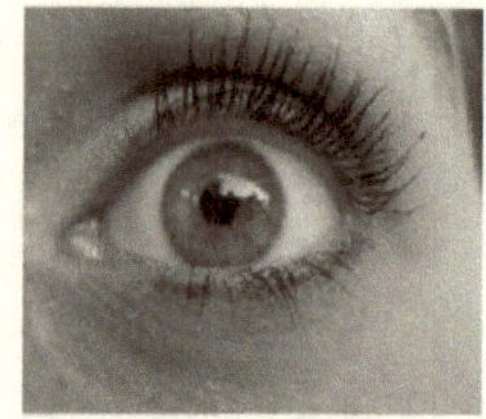

E eye
A oog
X iliso
Z iso

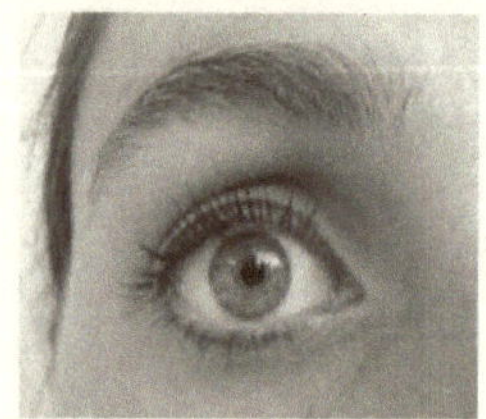

E eyebrow
A wenkbrou
X ishiya
Z ishiya

E face
A gesig
X ubuso
Z ubuso

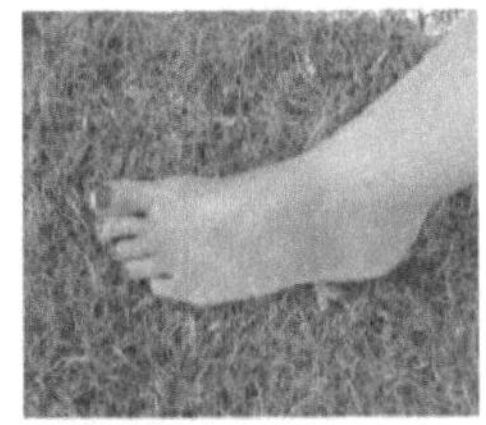

E foot
A voet
X unyawo
Z unyawo

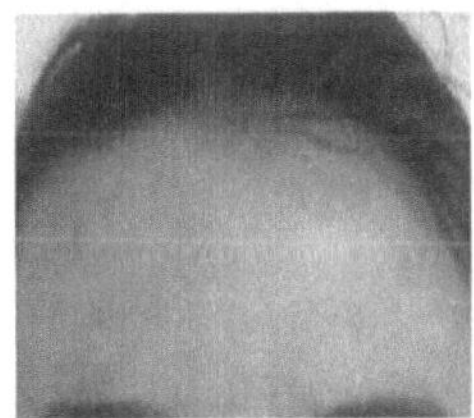

E forehead
A voorkop
X ibunzi
Z ibunzi

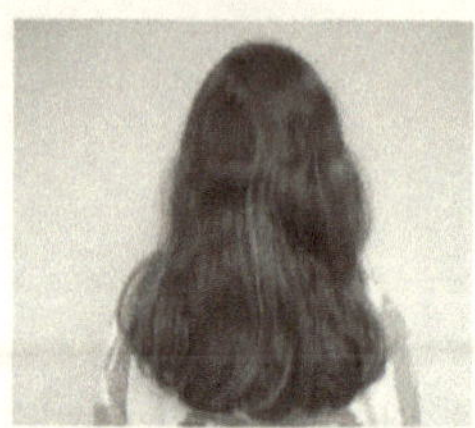

E hair
A hare
X iinwele
Z izinwele

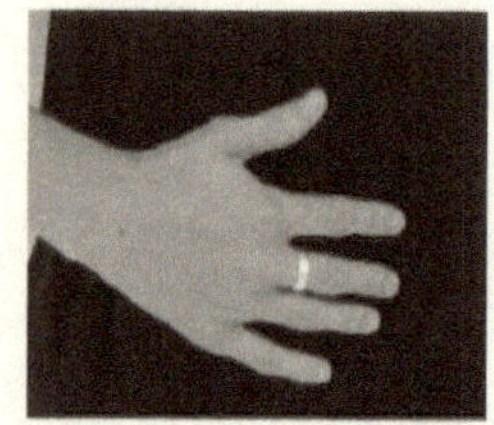

E hand
A hand
X isandla
Z isandla

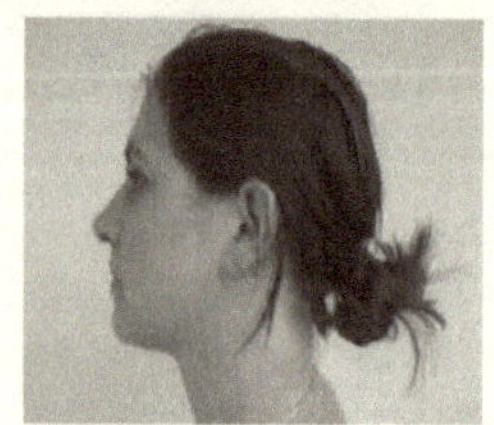

E head
A kop
X intloko
Z ikhanda

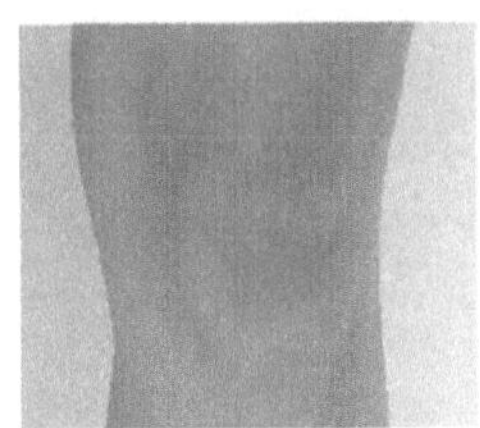

E knee
A knie
X idolo
Z idolo

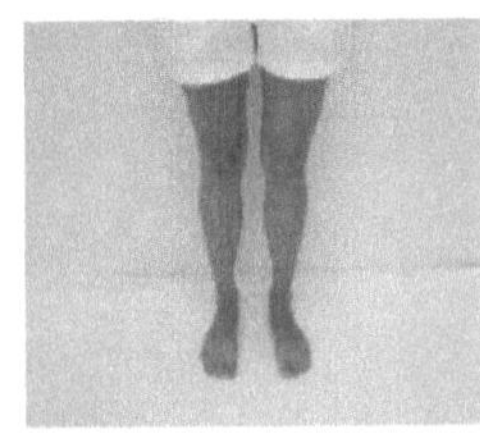

E leg
A been
X umlenze
Z umlenze

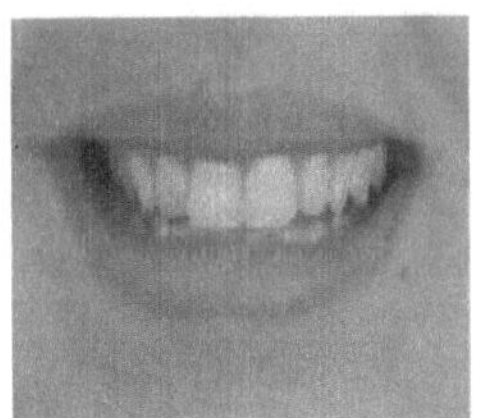

E lip
A lip
X umlebe
Z udebe

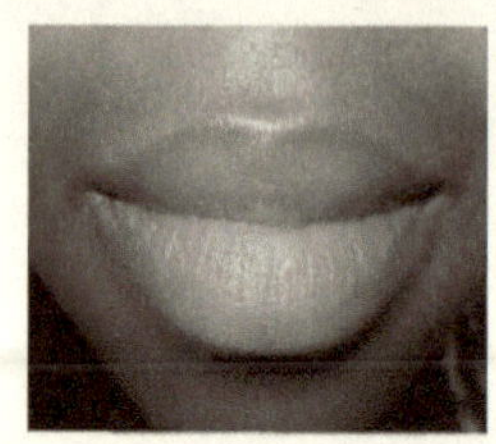

E mouth
A mond
X umlomo
Z umlomo

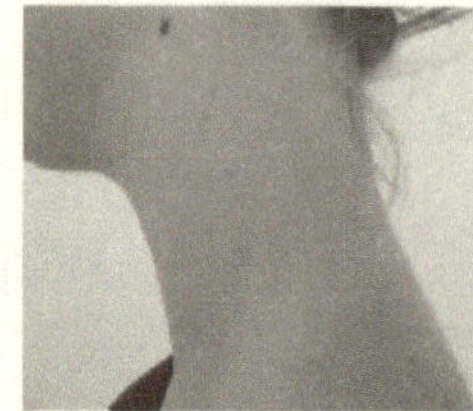

E neck
A nek
X intamo
Z intamo

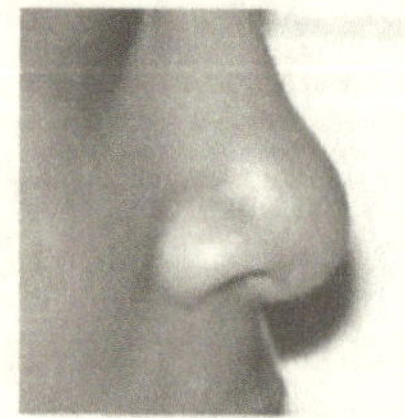

E nose
A neus
X impumlo
Z ikhala

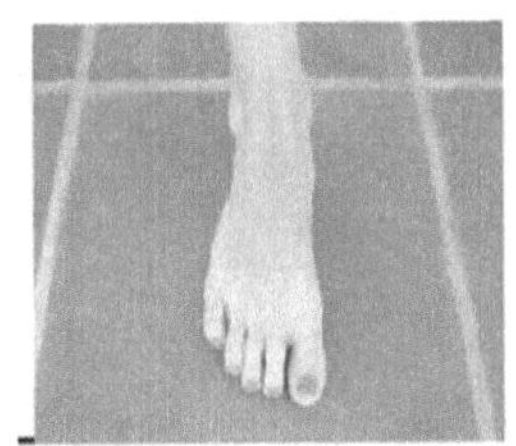

E toe
A toon
X uzwane
Z uzwane

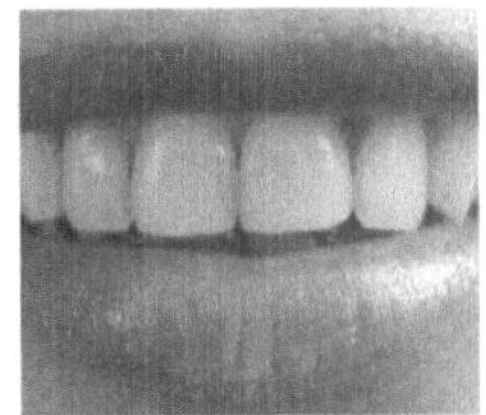

E tooth
A tand
X izinyo
Z izinyo

15. Clothes—Klere—Iimpahla—Izingubo

E English—A Afrikaans—X Xhosa—Z Zulu

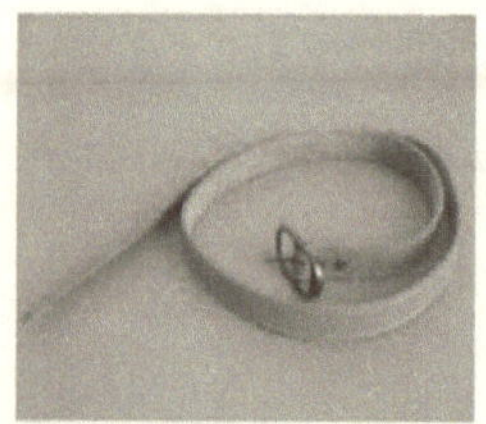

E belt
A gordel
X ibhanti
Z ibhande

E bib
A borslap
X incebethana yosana
Z ibhibhi

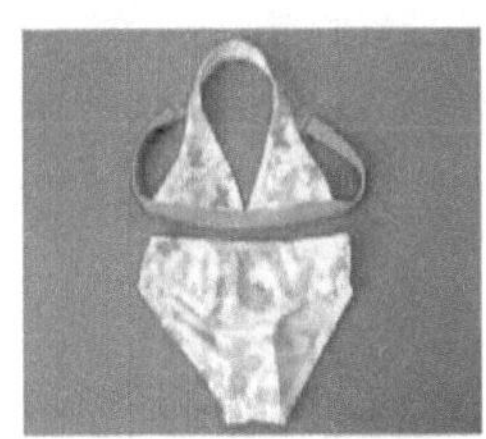

E bikini
A bikini
X ibhikini
Z ibhigini

E blouse
A bloes
X iblawuzi
Z ibhulawozi

E boot
A stewel
X ibhuthi
Z ibhuthi

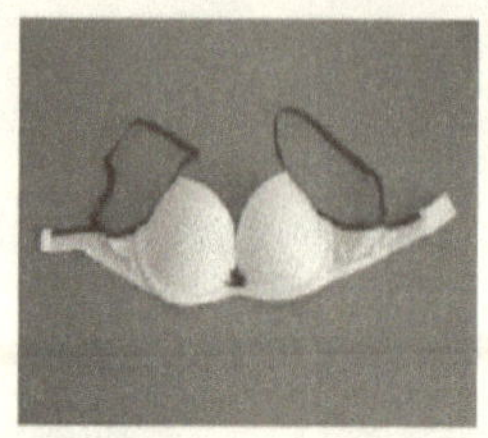

E bra
A bra
X ibra
Z ubra

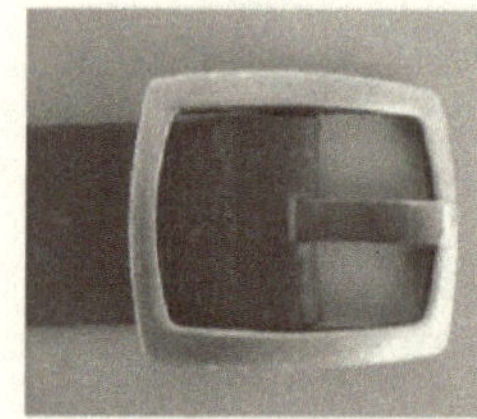

E buckle
A gespe
X iqhosha
Z ishasipele

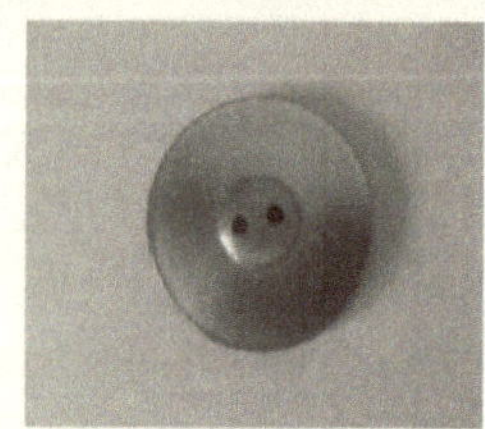

E button
A knoop
X iqhosha
Z inkinobho

E cap
A pet
X ikepusi
Z ikepisi

E dress
A rok
X ilokhwe
Z ilokwe

E dressing gown
A kamerjas
X igawuni yokuvuka
Z igawuni lokulala

E handkerchief
A sakdoek
X itshefu
Z iduku

E hat
A hoed
X umnqwazi
Z isigqoko

E jacket
A baadjie
X ibhatyi
Z ibhantshi

E jeans
A jeans
X ijini
Z ijini

E jersey
A trui
X ijezi
Z ijezi

E pajamas (Brit. pyjamas)
A pajamas
X ipijama
Z ipijama

E sandal
A sandaal
X imbadada
Z isandlela

E scarf
A serp
X isikhafu
Z isikhafu

E shirt
A hemp
X ihempe
Z ihembe

E shoe
A skoen
X isihlangu
Z isicathulo

E shoelace
A skoenveter
X umtya wesihlangu
Z intambo yesicathulo

E shorts
A kortbroek
X ushoti
Z isikhindi

E skirt
A romp
X isikethi
Z isiketi

E slipper
A pantoffel
X imbadada
Z ihlibhisi

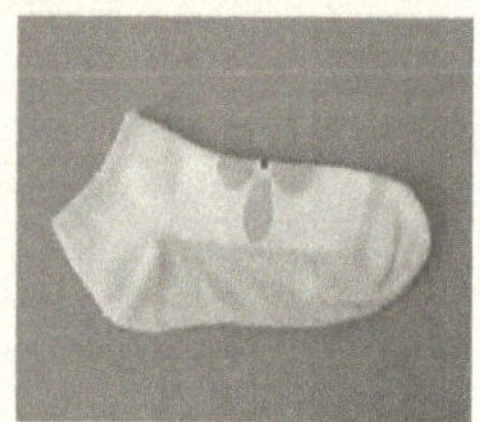

E sock
A sokkie
X ikawusi
Z isokisi

E tackies
A tekkies
X iiteki
Z amateki

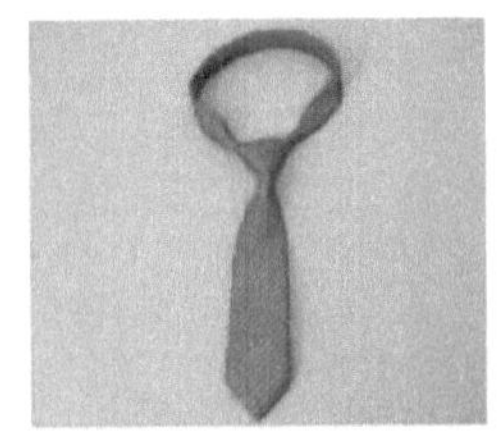

E tie
A das
X iqhina
Z uthayi

E tracksuit
A sweetpak
X itreksuti
Z itreksudi

E trousers
A langbroek
X ibhulukhwe
Z ibhulukwe

E T-shirt
A T-hemp
X isikipha
Z isikibha

E undergarment (Brit.vest)
A frokkie
X ivesti
Z ivesiti

16. Family/People—Familie/Mense—Usapho/Abantu
Umndeni/Abantu

E English—A Afrikaans—X Xhosa—Z Zulu

E aunt

A tante

X u-anti

Z u-anti

E baby

A baba

X usana

Z umntwana

E boy

A seun

X inkwenkwe

Z umfana

E bride
A bruid
X umtshakazi
Z umakoti

E bridegroom
A bruidegom
X umyeni
Z umyeni

E brother
A broer
X ubhuti
Z ubhuti

E child
A kind
X umntwana
Z umntwana

E cousin
A neef/niggie
X umzala
Z umzala

E daughter
A dogter
X intombi
Z indodakazi

E father
A vader
X utata
Z ubaba

E girl
A meisie
X intombi
Z intombi

E grandfather
A oupa
X ubawomkhulu
Z ubabamkhulu

E grandmother
A ouma
X umakhulu
Z ugogo

E husband
A man
X umyeni
Z umyeni

E lady
A dame
X inenekazi
Z inkosikazi

E man
A man
X indoda
Z indoda

E mother
A moeder
X umama
Z umama

E sister
A suster
X usisi
Z udade

E son
A seun
X unyana
Z indodana

E wife
A vrou
X umfazi
Z umfazi

E English—A Afrikaans—X Xhosa—Z Zulu

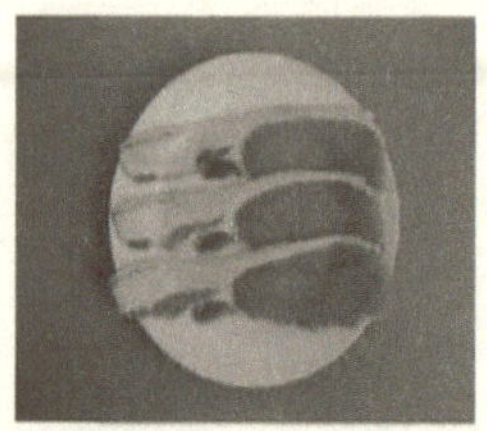

E bacon
A spek
X ispeke
Z ubhekeni

E biltong
A biltong
X umqwayito
Z umqwayiba

E bread
A brood
X isonka
Z isinkwa

E bun
A bolletjie
X ibhani
Z ibhani

E butter
A botter
X ibhotolo
Z ibhotela

E cake
A koek
X ikeyiki
Z ikhekhe

E cheese
A kaas
X itshizi
Z ushizi

E chips (Brit. crisps)
A aartappelskyfies
X iitshipsi
Z amachips

E chocolate
A sjokolade
X itshokolethi
Z ushokolethe

E chop
A tjop
X itshophu
Z itshobhisi

E chutney
A blatjang
X itshatini
Z ishatini

E cookie (Brit. biscuit)

A koekie

X ibhiskithi

Z ibhisikidi

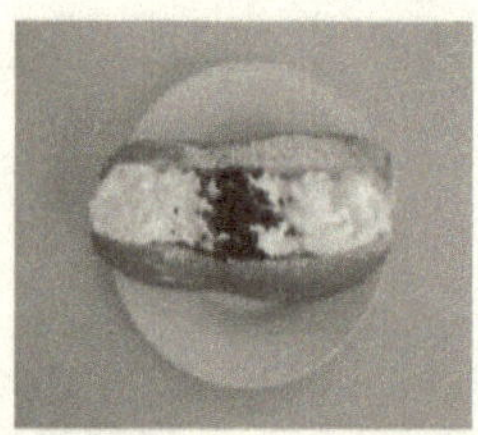

E donut (Brit. doughnut)

A oliebol

X idonathi

Z idonadi

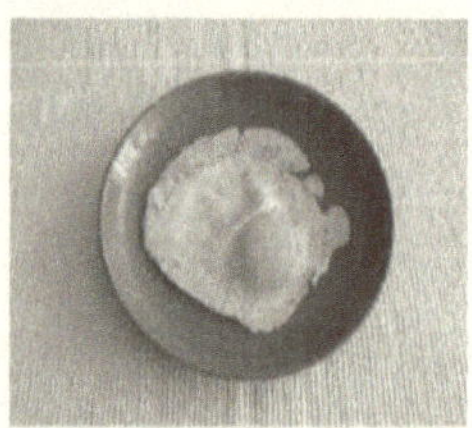

E egg

A eier

X iqanda

Z iqanda

E flour
A meel
X umgubo
Z ufulawa

E hamburger
A hamburger
X ihambhega
Z ihambhega

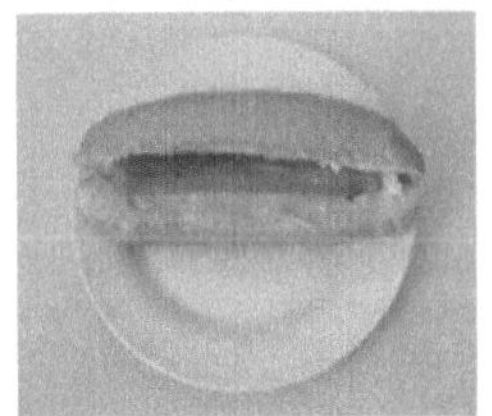

E hot dog
A worsbroodjie
X ihotdogi
Z ihodogi

E ice cream
A roomys
X iayiskrim
Z u-ayisikhilimu

E margarine
A margarien
X imajarini
Z imajarini

E meat
A vleis
X inyama
Z inyama

E menu
A spyskaart
X imenyu
Z imenyu

E mince
A gemaalde vleis
X inyama esiliweyo
Z inyama egayiweyo

E muffin
A muffin
X imafini
Z imafini

E peanuts
A grondboontjies
X amandongomane
Z amantongomane

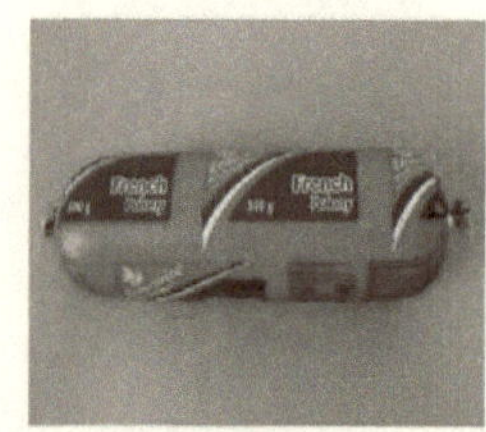

E polony
A polonie
X ipoloni
Z upoloni

E porridge
A pap
X ipapa
Z iphalishi

E rice
A rys
X irayisi
Z irayisi

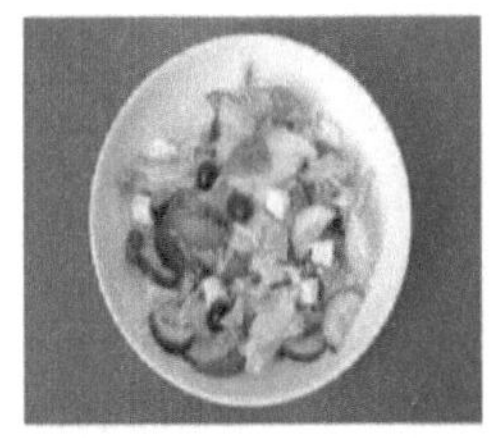

E salad
A slaai
X isaladi
Z isaladi

E sandwich
A toebroodjie
X isandwitshi
Z isendiwishi

E sausage
A wors
X isoseji
Z isositshi

E sugar
A suiker
X iswekile
Z ushukela

E tart
A tert
X ithathi
Z ithathi

18. Drinks—Dranke—Iziselo—Iziphuzo

E English—A Afrikaans—X Xhosa—Z Zulu

E beer

A bier

X ibhiya

Z ubhiya

E buttermilk

A karringmelk

X ixibhiya

Z umbhobe

E cocoa

A kakao

X ikoko

Z ukhokho

E coffee
A koffie
X ikofu
Z ikhofi

E cool drink
A koeldrank
X isisilo esibandayo
Z isiphuzo esibandayo

E drinking yoghurt
A drinkjogurt
X iyogathi eselwayo
Z iyogathi ephuzwayo

E juice
A sap
X incindi
Z ujusi

E milk
A melk
X ubisi
Z ubisi

E sherry
A sherrie
X isheri
Z isheri

E sour milk
A suurmelk
X amasi
Z amasi

E tea
A tee
X iti
Z itiye

E water
A water
X amanzi
Z amanzi

E wine
A wyn
X iwayine
Z iwayini

19. Fruit—Vrugte—Isiqhamo—Izithelo

E English—A Afrikaans—X Xhosa—Z Zulu

E apple
A appel
X iapile
Z iapula

E apricot
A appelkoos
X iapilkosi
Z ibhilikosi

E avocado (pear)
A avokado(peer)
X iavokado
Z ikotapeya

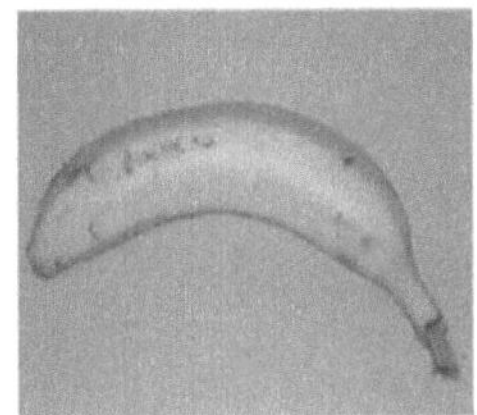

E banana
A piesang
X ibhanana
Z ubhanana

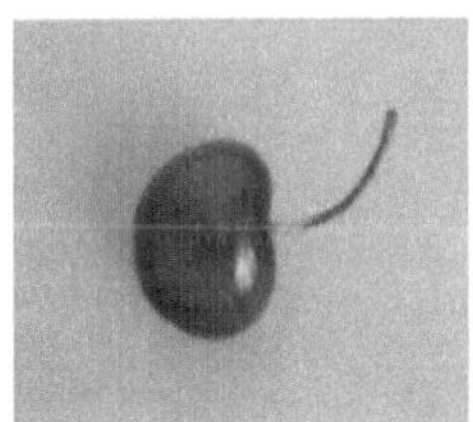

E cherry
A kersie
X itsheri
Z usheri

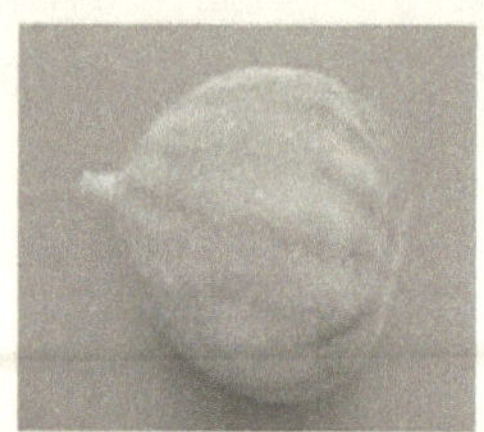

E fig
A vy
X ikhiwane
Z ikhiwane

E grapefruit
A pomelo
X imbambusi
Z igreyiphufruthi

E grapes
A druiwe
X iidiliya
Z amagrebhisi

E grenadilla
A grenadella
X igranadila
Z iginindela

E guava
A koejawel
X igwava
Z ugwava

E lemon
A suurlemoen
X ilamuni
Z ulamula

E litchi
A lietsjie
X ilitshi
Z ilitshi

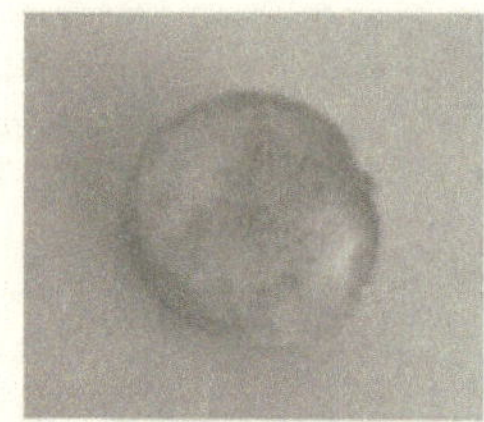

E mango
A mango
X imango
Z umango

E naartjie
A nartjie
X inartyisi
Z inantshi

E orange
A lemoen
X iorenji
Z iwolintshi

E pawpaw
A papaja
X ipopo
Z upopo

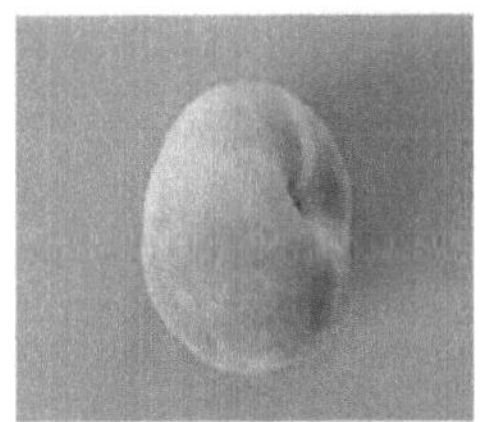

E peach
A perske
X ipesika
Z ipetshisi

E pear
A peer
X ipere
Z ipheya

E pineapple
A pynappel
X ipayinapile
Z uphayinaphu

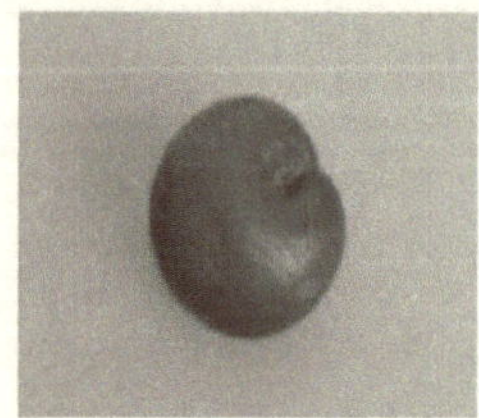

E plum
A pruim
X iplam
Z ipulamu

E prickly pear
A turksvy
X itolofiya
Z isihlehle

E strawberry
A aarbei
X iqunube
Z isitrobheli

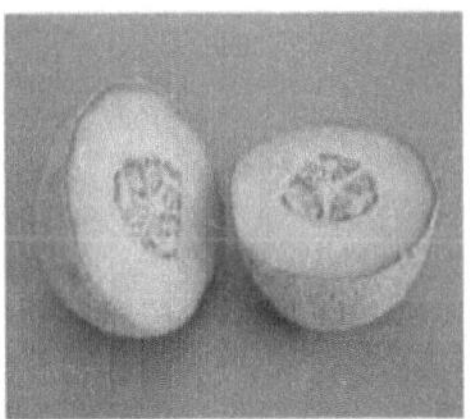

E sweet melon
A spanspek
X imelon
Z ikhabe

E watermelon
A waatlemoen
X ivatala
Z ikhabe

20. Vegetables—Groente—Imifuno—Imifuno

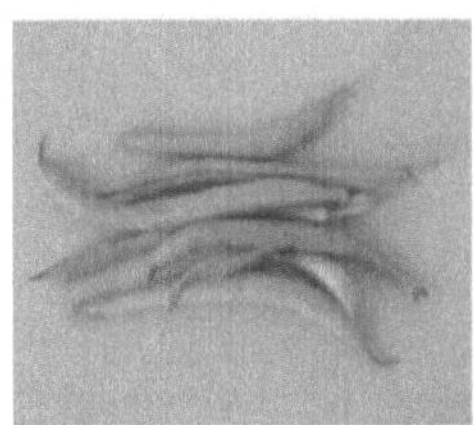

E beans
A boontjies
X iimbotyi
Z ubhontshisi

E beet (Brit. beetroot)
A beet
X ibhitruthi
Z ibhithrudi

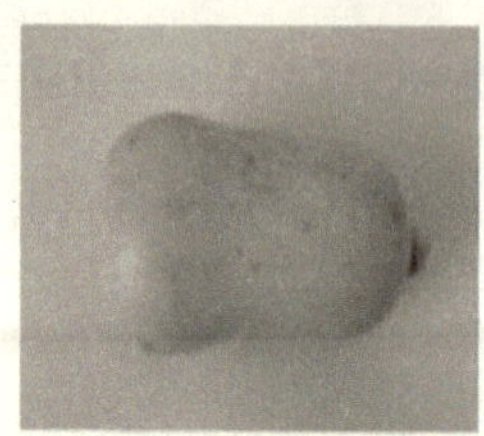

E butternut
A botterskorsie
X ithanga
Z ibhathanathi

E cabbage
A kool
X ikhaphetshu
Z ikhabishi

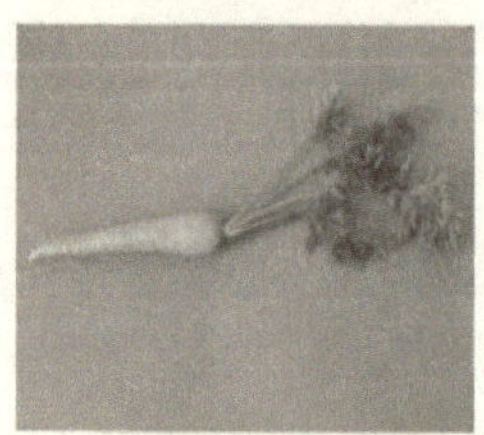

E carrot
A wortel
X umnqathe
Z ikhalothi

E cauliflower
A blomkool
X ikholiflawa
Z ukhalifulawa

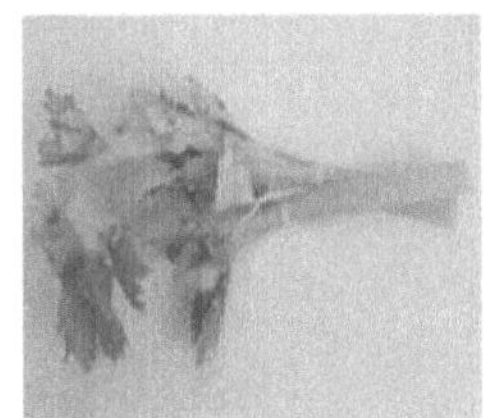

E celery
A seldery
X iseleri
Z useleri

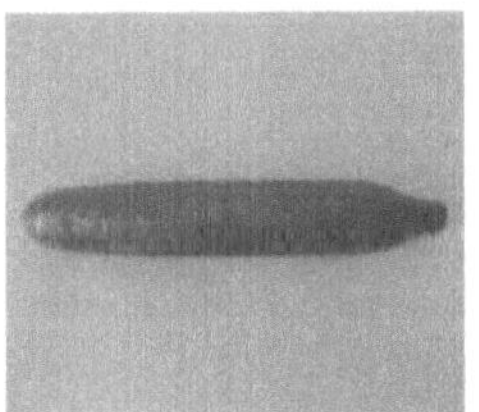

E cucumber
A komkommer
X inkonkomire
Z ikhukhamba

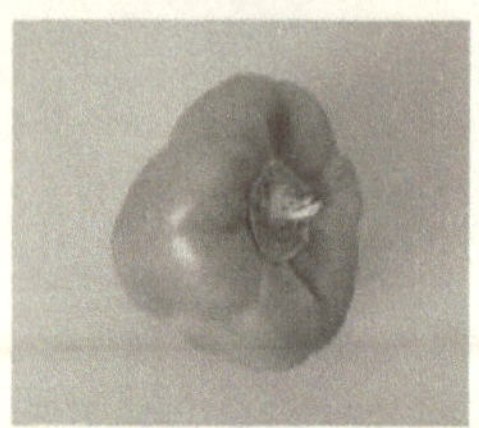

E green pepper
A soetrissie
X igrinpepa
Z upelepele oluhlaza

E lettuce
A kropslaai
X iletisi
Z uletisi

E mushroom
A sampioen
X ikhowa
Z ikhowe

E onion
A ui
X itswele
Z u-anyanisi

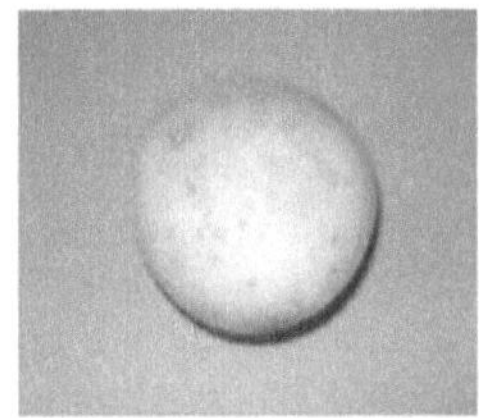

E potato
A aartappel
X itapile
Z izambane

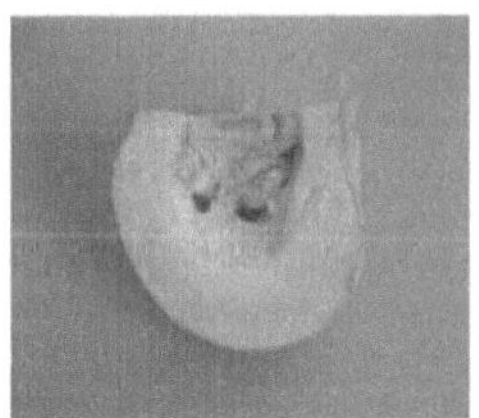

E pumpkin
A pampoen
X ithanga
Z ithanga

E sweet potato
A patat
X ibhatata
Z ubhatata

E tomato
A tamatie
X itumato
Z utamatisi

21. Flowers—Blomme—Iintyatyambo—Izimbali

E aloe

A aalwyn

X ikhala

Z umhlaba

E arum lily

A aronskelk

X inyibiba

Z imbali yentebe

E blossom
A bloeisel
X intyatyambo
Z imbali

E daisy
A madeliefie
X ideyizi
Z idezi

E geranium
A malva
X intyatyambo ethile entle
Z uhlobo lwembali

E lily
A lelie
X inyibiba
Z umduze

E pansy
A gesiggie
X ipentsi
Z ipanzi

E petunia
A petunia
X intyatyambo ethile
Z uhlobo lwembali

E poppy
A papawer
X ipopi
Z iphophi

E rose
A roos
X irozi
Z iroza

E sunflower
A sonneblom
X ujongilanga
Z isithamelalanga

E violet
A viooltjie
X intyatyambo ethile
Z ivayolethe

22. House—Huis—Indlu—Indlu

E English—A Afrikaans—X Xhosa—Z Zulu

E brick
A baksteen
X isitena
Z isitini

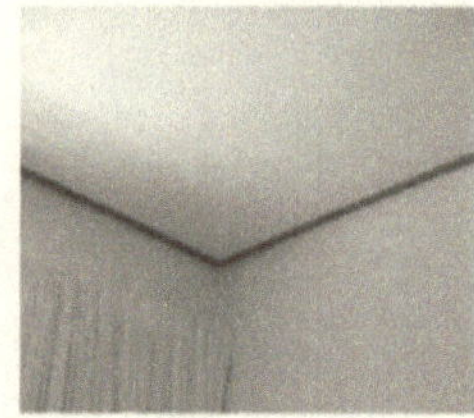

E ceiling
A plafon
X isilingi
Z isilingi

E chimney
A skoorsteen
X itshimini
Z ushimula

E door
A deur
X ucango
Z umnyango.0

E driveway
A oprit
X idriveway
Z idrayiviweyi

E floor
A vloer
X umgangatho
Z ifulo

E garage
A motorhuis
X igaraji
Z igalaji

E gate
A hek
Z isango
X isango

E key
A sleutel
X isitshixo
Z ukhiye

E postbox
A posbus
X ibhokisi yokuposa
Z ibhokisi leposi

E roof
A dak
X uphahla
Z uphahla

E stairs
A trappe
X izitephu
Z isitezi

E swimming pool
A swembad
X ichibi lokubhukuda
Z ichibi lokuqubha

E tile
A teël
X ithayile
Z ithayela

E wall
A muur
X udonga
Z udonga

E window
A venster
X ifestile
Z ifasitela

E basket
A mandjie
X ibhaskithi
Z ubhasikidi

E bottle
A bottel
X ibhotile
Z ibhodlela

E bowl
A bak
X isitya
Z isikotela

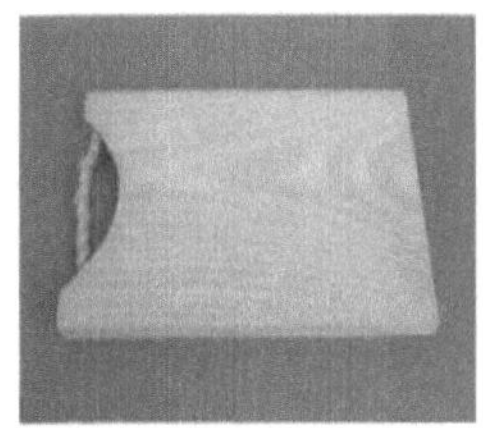

E breadboard
A broodplank
X iplanga lesonka
Z uqwembe lokusikela isinkwa

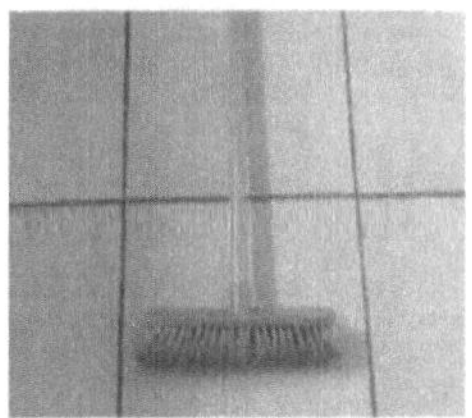

E broom
A besem
X umtshayelo
Z umshanelo

E bucket
A emmer
X iemela
Z ibhakede

E chair
A stoel
X isitulo
Z isihlalo

E clock
A horlosie
X iwotshi
Z ikilogo

E cup
A koppie
X ikomityi
Z inkomishi

E cutlery
A eetgerei
X izixhobo zokutya
Z izikhali zokudla

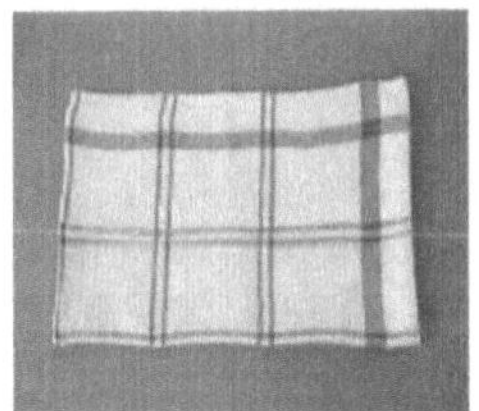

E dishcloth
A afdroogdoek
X ifadukhwe
Z imfaduko

E dishwashing liquid
A opwasmiddel
X ulwelo lokuhlamba izitya
Z insipho eluketshezi

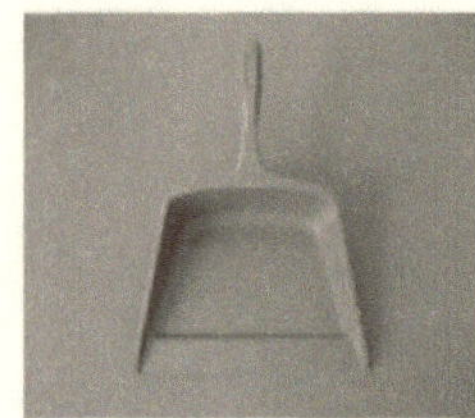

E dustpan
A skoppie
X idastpani
Z ipani lezibi

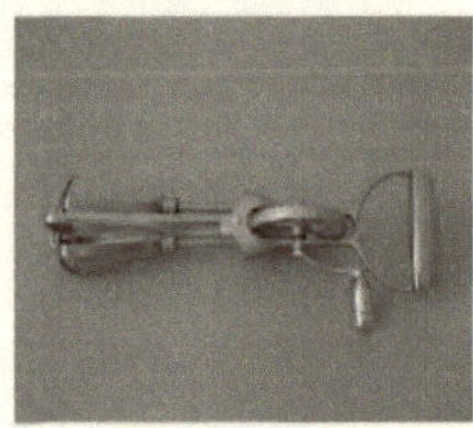

E eggbeater
A eierklitser
X isiqhuqhi-maqanda
Z isijujo

E egg cup
A eierkelkie
X isitya seqanda
Z inkomishi yeqanda

E fork
A vurk
X ifolokhwe
Z imfologo

E freezer
A vrieskas
X idipfrizi
Z idiphufrizi

E fridge
A yskas
X ifriji
Z ifriji

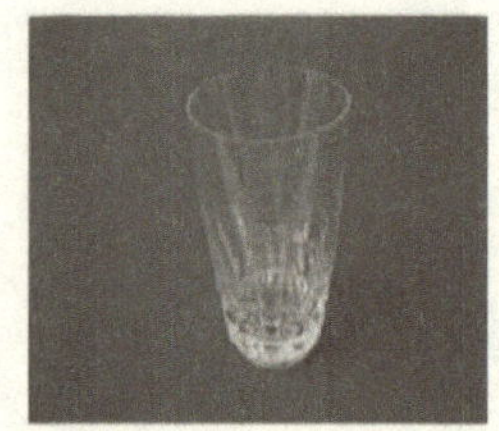

E glass
A glas
X iglasi
Z ingilazi

E grater
A rasper
X igreyitha
Z igretha

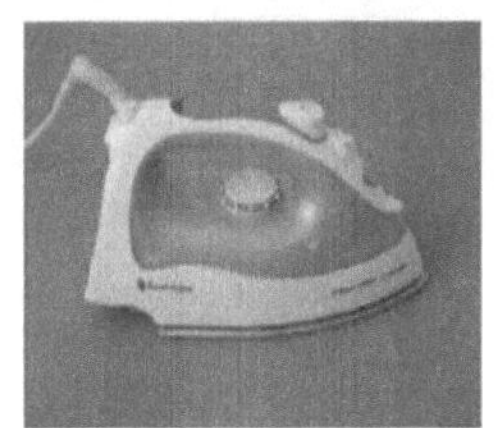

E iron
A strykyster
X iayini
Z iayini

E ironing board
A strykplank
X iplanga lokuayinela
Z ipulangwe lokuayina

E jug
A beker
X ijagi
Z ujeke

E kettle
A ketel
X iketile
Z iketelo

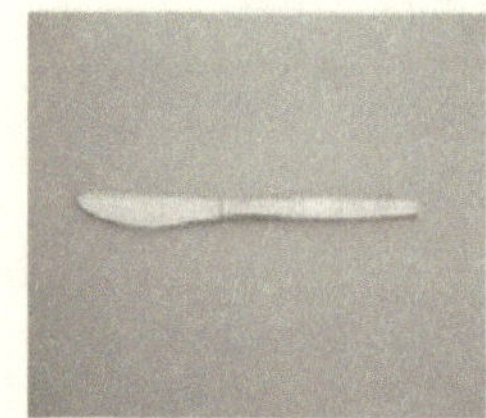

E knife
A mes
X imela
Z ummese

E lid
A deksel
X isiciko
Z isidikiselo

E measuring jug

A maatbeker

X ijoko yokumeta

Z ijeke lokulinganisa

E microwave (oven)

A mikrogolf(oond)

X imakroweyvu

Z imakhrowevi

E mop

A mop

X imophu

Z isesuli

E mug
A beker
X imagi
Z imagi

E pan
A pan
X ipani
Z ipani

E plate
A bord
X ipleyiti
Z ipuleti

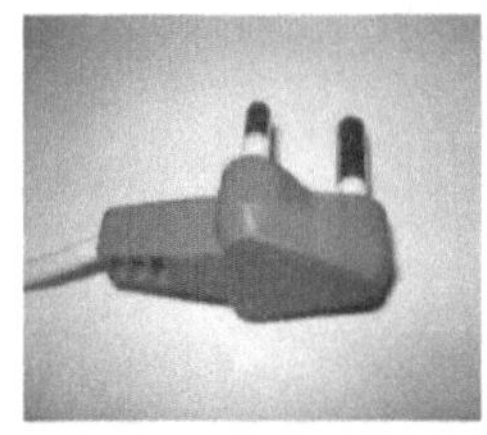

E power plug
A kragprop
X iplagi yombane
Z iplagi yamandla

E pressure cooker
A drukkastrol
X isifuthiselo
Z iphreshakhukha

E garbage can (Brit. rubbish bin)
A vuilgoedblik
X umgqomo wenkunkuma
Z umgqomo wezibi

E saltcellar
A soutpot
X isitya setyuwa
Z ibhodlelana likasawoti

E saucer
A piering
X isosala
Z isosa

E saucepan
A kastrol
X isosipani
Z isosipani

E serviette
A servet
X iseviyeti
Z iseviyethe

E sieve
A sif
X isefu
Z isisefo

E sink
A opwasbak
X isinki
Z isinki

E spoon
A lepel
X icephe
Z isipunu

E stove
A stoof
X isitovu
Z isitofu

E switch
A skakelaar
X iswitshi
Z iswitshi

E table
A tafel
X itafile
Z itafula

E tablecloth
A tafeldoek
X ilaphu letafile
Z indwangu yetafula

E teapot
A teepot
X itipoti
Z ithibhothi

E teaspoon
A teelepel
X itispuni
Z ithisipuni

E tea strainer
A teesiffie
X isihluzi seti
Z isisefo setiye

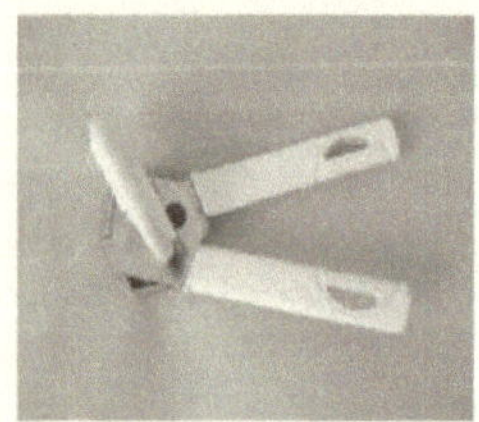

E tin-opener
A bliksnyer
X isixhobo sokuvula iitoti
Z isivulithini

E toaster

A broodrooster

X ithowusta

Z ithositha

E tray

A skinkbord

X itreyi

Z ithileyi

E vacuum cleaner

A stofsuier

X umatshini wokutshayela

Z umshini wekhaphethi

E vacuum flask
A warmfles
X iflaski
Z ifulaski

E washing machine
A wasmasjien
X umatshini wokuvasa
Z umshini wokuwasha

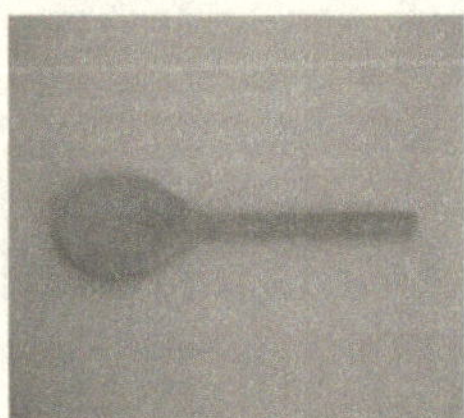

E wooden spoon
A houtlepel
X iphini
Z isifoloza

24. Lounge—Sitkamer—Ilawunji—Ilawunji

E English—A Afrikaans—X Xhosa—Z Zulu

E carpet
A mat
X ikhaphethi
Z ikhaphethe

E coffee table
A koffietafel
X itafilana
Z itafulo lekhofi

E couch
A rusbank
X isofa
Z usofa

E curtain
A gordyn
X ikhetini
Z ikhethini

E cushion
A kussing
X ikhushini
Z ikhushini

E decoder

A dekodeerder

X idikhowuda

Z idikhoda

E fireplace

A kaggel

X iziko

Z iziko

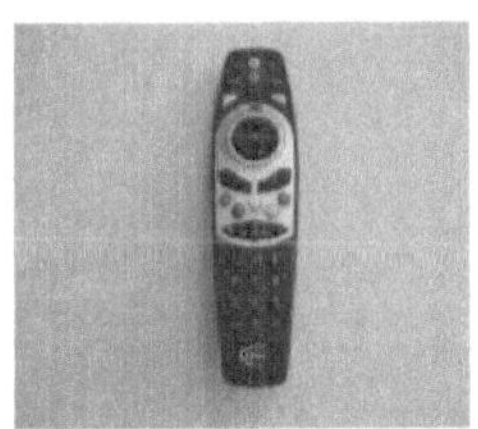

E remote control

A afstandbeheer

X irimowuthi

Z irimothi

E rug
A mat
X imethi
Z umata

E sideboard
A buffet
X isayibhothi
Z isayidibhodi

E television
A televisie
X ithelevishini
Z ithelevishini

25. Bedroom—Slaapkamer—Igumbi lokulala
Ikamelo lokulala

E English—A Afrikaans—X Xhosa—Z Zulu

E bed

A bed

X ibhedi

Z umbhede

E bedside cabinet

A bedkassie

X ikhabhathi yangasebhedini

Z ikhabethe elisecakombhede

E bedside lamp
A bedlamp
X isibane sangasebhedini
Z isibane sasembhedeni

E bedspread
A deken
X ibhedspredi
Z isipredi

E blanket
A kombers
X ingubo
Z ingubo

E chest of drawers
A laaikas
X ikasi yeedrowa
Z ikhabethe elinamadilowa

E dressing table
A spieëltafel
X itafile enesipili
Z idresingithebuli

E duvet
A duvet
X iduveyi
Z iduveyi

E mattress
A matras
X umatrasi
Z umatilasi

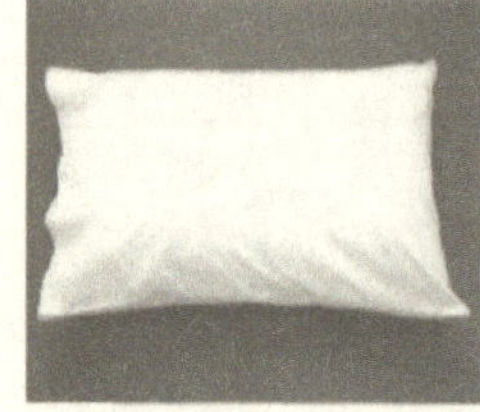

E pillow
A kussing
X umqamelo
Z umcamelo

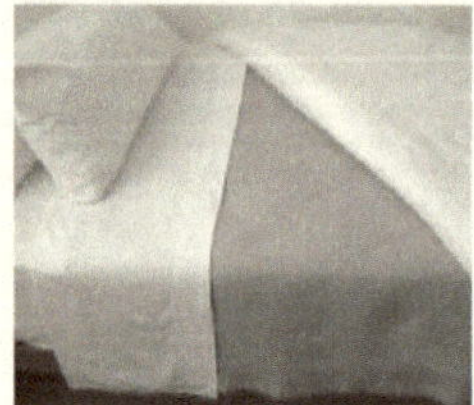

E sheet
A laken
X ishiti
Z ishidi

E wardrobe

A hangkas

X iwodrophu

Z iwodirobhu

26. Bathroom—Badkamer—Igumbi lokubhafa—Ibahavulumu

E English—A Afrikaans—X Xhosa—Z Zulu

E bath

A bad

X ibhafu

Z ubhavu

E bath mat

A badkamermat

X imethi yebhafu

Z umata webhavu

E face cloth

A waslap

X ilaphu lobuso

Z indwangu yokugeza

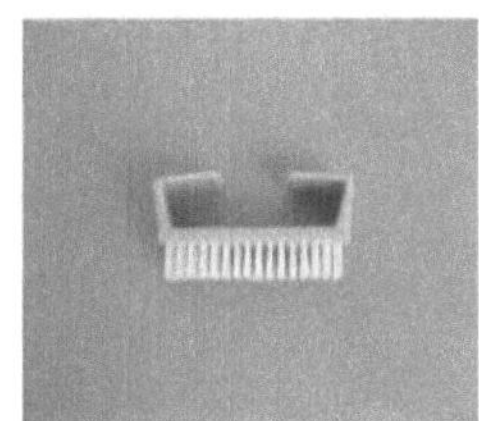

E nail brush

A naelborsel

X ibrashi yeenzipho

Z ibhulashi lezinzipho

E razor

A skeermes

X ireyizara

Z ireza

E shower
A stort
X ishawa
Z ishawa

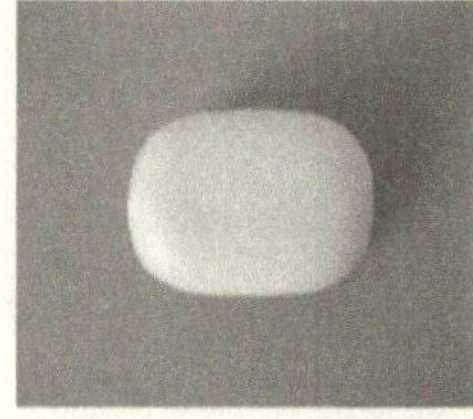

E soap
A seep
X isepha
Z insipho

E soap dish
A seepbakkie
X isityana sesepha
Z isiphathinsipho

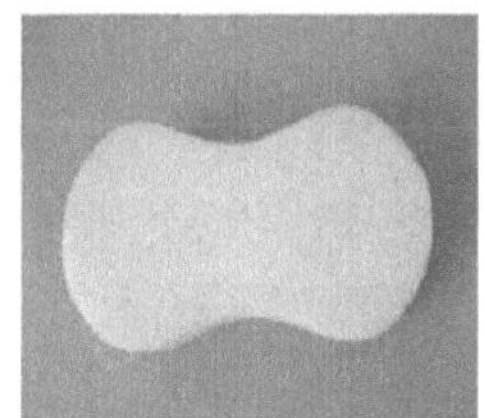

E sponge
A spons
X isiponji
Z isipanji

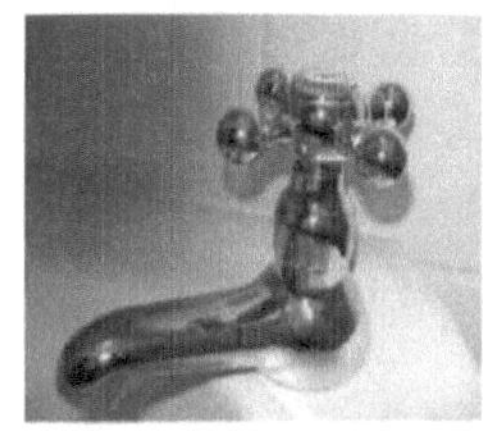

E tap
A kraan
X itephu
Z umpompi

E toilet
A toilet
X indlu yangasese
Z indlu encane

E toilet paper
A toiletpapier
X iphepha langasese
Z iphepha laselavathi

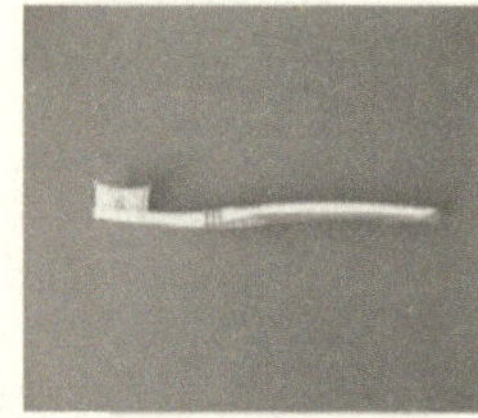

E toothbrush
A tandeborsel
X ibrashi yamazinyo
Z ibhulashi lamazinyo

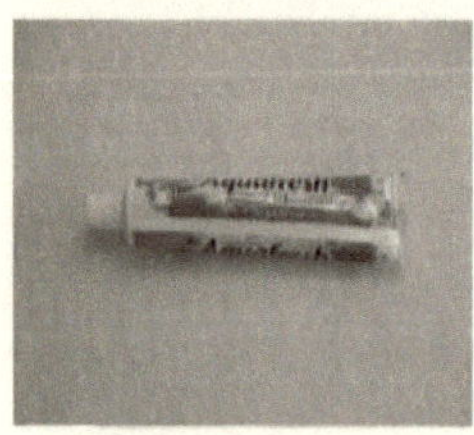

E toothpaste
A tandepasta
X intlama yamazinyo
Z umuthi wamazinyo

E towel
A handdoek
X itawuli
Z ithawula

E washbasin
A wasbak
X isitya sokuhlambela
Z ubheseni wokugezela

E axe (US ax)
A byl
X izembe
Z imbazo

E branch
A tak
X isebe
Z ingatsha

E flowerbed

A blombedding

X ibhedi yeentyatyambo

Z umbhede wezimbali

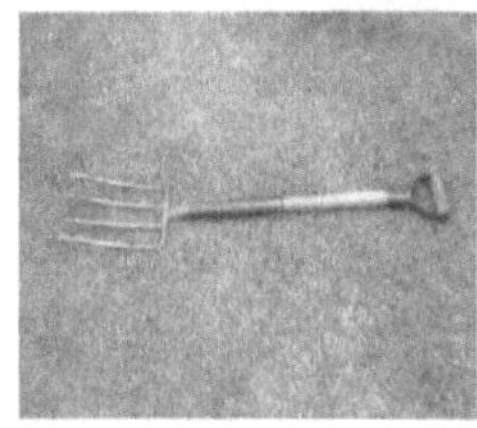

E garden fork

A tuinvurk

X ifolokhwe yegadi

Z imfologo yengadi

E hosepipe

A tuinslang

X ithumbu lokunkcenkceshela

Z ithumbu lokunisela

E lawn
A grasperk
X iloni
Z iloni

E lawn mower
A grassnyer
X umatshini wokusika ingca
Z umshini wokusika utshani

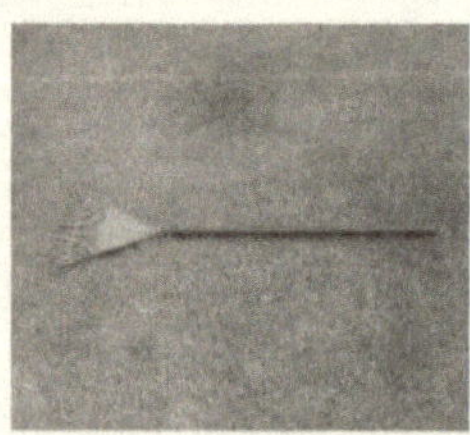

E rake
A hark
X iharika
Z ihhala

E scarecrow
A voëlverskrikker
X isoyikiso
Z isachuse

E seed
A saad
X imbewu
Z imbewu

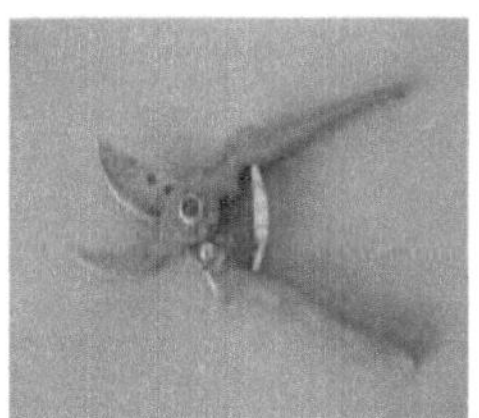

E shears
A tuinskêr
X isikere
Z isizenze

E spade
A graaf
X umhlakulo
Z ihalavu

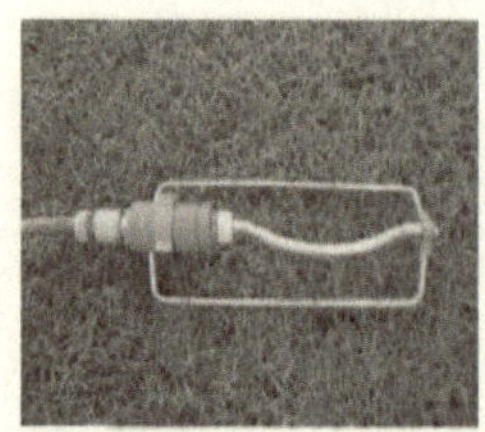

E sprinkler
A sproeier
X isifefo
Z isifafazo

E tree
A boom
X umthi
Z isihlahla

E watering can

A gieter

X ikani yokunkcenkceshela

Z isichelo

E wheelbarrow

A kruiwa

X ikiliva

Z ibhala

28. Farm—Plaas—Ifama—Ifamu/ipulazi

E English—A Afrikaans—X Xhosa—Z Zulu

E dam
A dam
X idama
Z idamu

E farmhouse
A plaashuis
X umzi womlimi
Z indlu yepulazi

E gate
A hek
X isango
Z isango

E kraal (animals)
A kraal
X isibaya
Z isibaya

E orchard
A vrugteboord
X ibhoma
Z ingadi yemithi yezithelo

E reservoir
A opgaardam
X idama
Z idamu

E shed
A skuur
X ishedi
Z ishede

E silo
A silo
X isisele sefula
Z isayilo

E tank
A tenk
X itanki
Z itanki

E vineyard
A wingerd
X isidiliya
Z isivini

E windmill
A windpomp
X iphiko
Z iwindimili

29. Town—Stad—Idolophu—Idolobha

E English—A Afrikaans—X Xhosa—Z Zulu

E bridge
A brug
X ibrorho
Z ibhuloho

E bus stop
A bushalte
X isitishi seebhasi
Z isitobhi sebhasi

E cemetery
A begraafplaas
X amangcwaba
Z amangcwaba

E church
A kerk
X icawa
Z isonto

E garage
A motorhawe/garage
X igaraji
Z igalaji

E hospital
A hospitaal
X isibhedlele
Z isibhedlela

E hotel
A hotel
X ihotele
Z ihotela

E library
A biblioteek
X ilayibrari
Z ilabhulali

E police station

A polisiekantoor

X umzi wamapolisa

Z ipholisiteshi

E post office

A poskantoor

X iposofisi

Z iposi

E restaurant

A restaurant

X irestyu

Z irestoranti

E road
A straat
X indlela
Z umgwaqo

E robot
A verkeerslig
X irobhothi
Z irobhothi

E school
A skool
X isikolo
Z isikole

E station
A stasie
X isitishi
Z isiteshi

E supermarket
A supermark
X isuphamakethe
Z isuphamakethe

E English—A Afrikaans—X Xhosa—Z Zulu

E platform
A platform
X iplatfomu
Z ipulatifomu

E railroad (Brit. railway line)
A treinspoor
X isiporo
Z isipolo

E signal
A sinjaal
X umqondiso
Z isiginali

E ticket
A kaartjie
X itikiti
Z ithikithi

31. Post office—Poskantoor—Iposofisi—Iposi

E English—A Afrikaans—X Xhosa—Z Zulu

E envelope
A koevert
X imvulophu
Z imvilophu

E letter
A brief
X incwadi
Z incwadi

E mail
A pos
X iposi
Z iposi

E parcel
A pakkie
X ipasile
Z iphasela

E mailbox (Brit. postbox)
A posbus
X ibhokisi yokuposa
Z ibhokisi leposi

E postcard
A poskaart
X iposikhadi
Z iposikhadi

E telephone booth
A openbare telefoon
X ifowuni kawonkewonke
Z ucingo lomphakathi

E stamp
A seël
X istampu
Z isitembu

32. School/Office—Skool/Kantoor—Isikolo/Iofisi Isikole/Ihovisi

E English—A Afrikaans—X Xhosa—Z Zulu

E adhesive tape
A kleefband
X iseloteyiphu
Z isalothephu

E book
A boek
X incwadi
Z incwadi

E calculator
A sakrekenaar
X umatshini wokubala
Z umshini wokubala

E computer
A rekenaar
X ikhompyutha
Z ikhompyutha

E crayon
A vetkryt
X ikreyoni
Z ikhilayoni

E dictionary
A woordeboek
X idikshinari
Z idikishaneli

E eraser (Brit. rubber)
A uitveër
X irabha
Z irabha

E keyboard
A toetsbord
X ikhibhodi
Z ikhibhodi

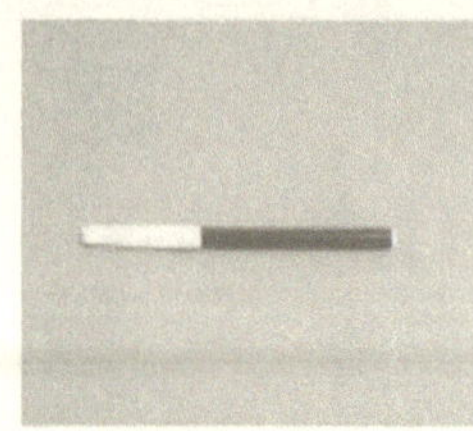

E koki
A koki
X ikoki
Z ikhokhi

E mouse
A muis
X imawusi
Z imawusi

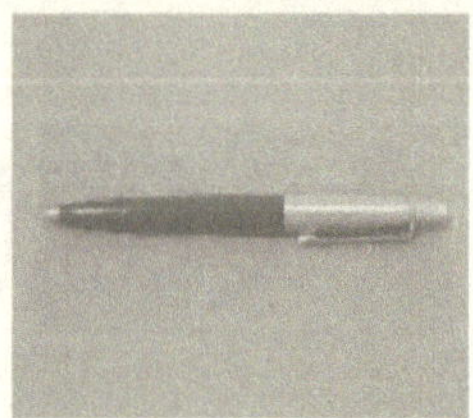

E pen
A pen
X usiba
Z ipeni

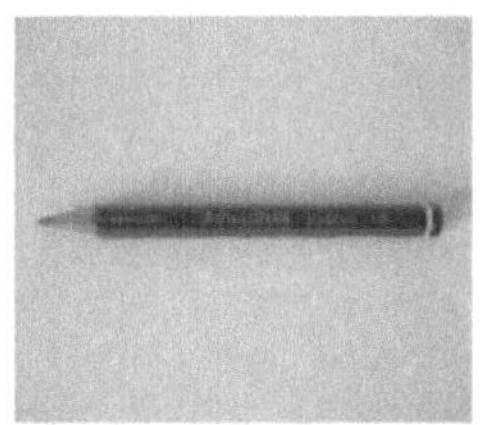

E pencil
A potlood
X ipensile
Z ipensele

E printer
A drukker
X umshicileli
Z iphrinta

E ruler
A liniaal
X irula
Z irula

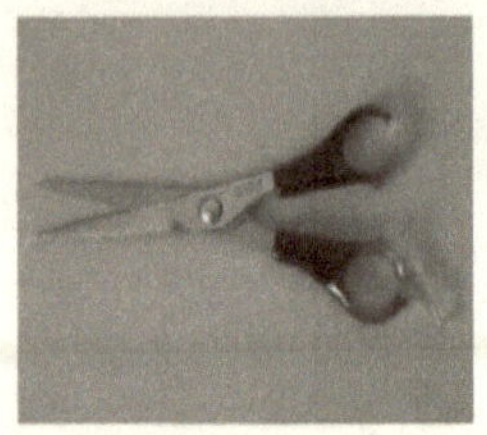

E scissors
A skêr
X isikere
Z isikele

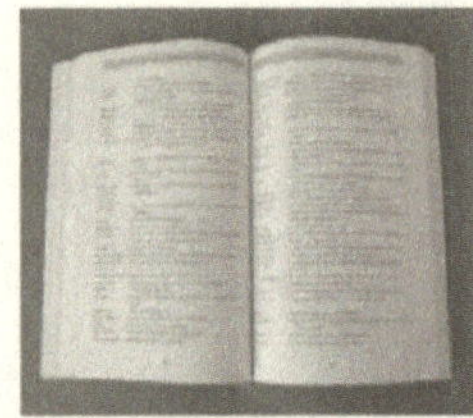

E textbook
A handboek
X incwadi yesikhokelo
Z itekisibhuku

33. Hospital—Hospitaal—Isibhedlele—Isibhedlela

E English—A Afrikaans—X Xhosa—Z Zulu

E bandage
A verband
X isibopho
Z ibhandeshi

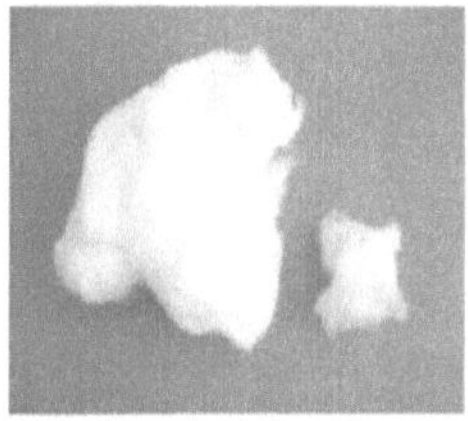

E absorbent cotton (Brit. cotton wool)
A watte
X umqhaphu
Z ugampokwe

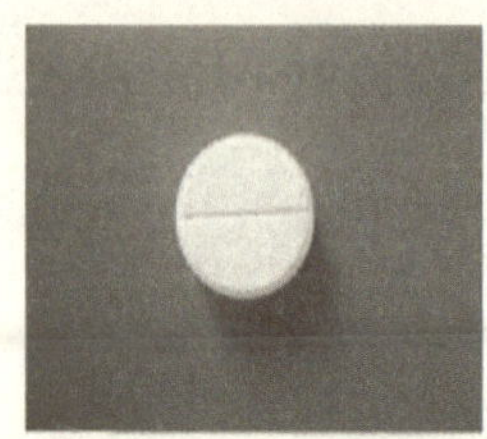

E pill/tablet
A pil
X ipilisi
Z iphilisi

E plaster (sticking)
A pleister
X iplasta
Z iplasta

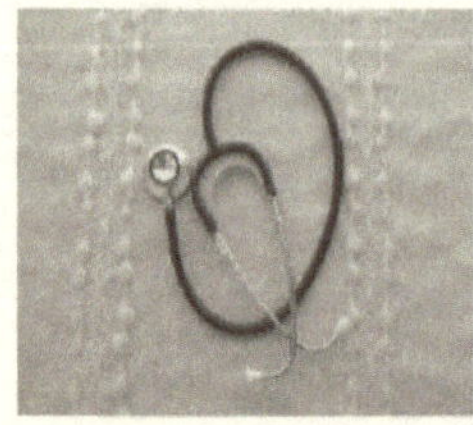

E stethoscope
A stetoskoop
X ixilongo logqirha
Z into yokuxilonga isiguli

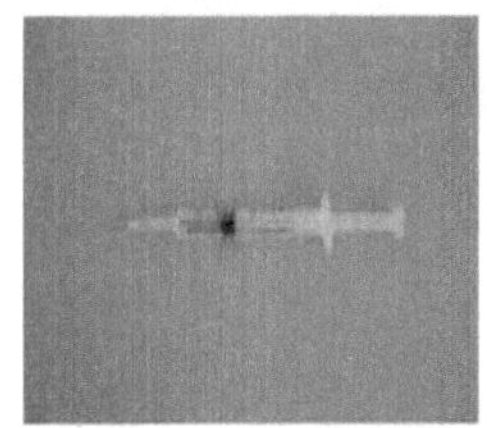

E syringe
A spuitnaald
X isirinji
Z isirinji

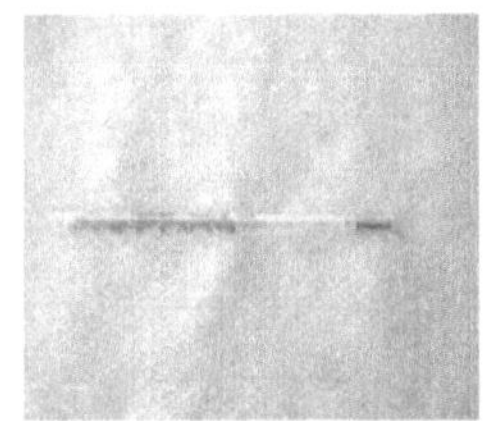

E thermometer
A koorspen
X ithermometa
Z ithimomitha

E wheelchair
A rolstoel
X isitulo esinamavili
Z esinamasondo

34. Disease—Siekte—Isifo—Isifo

E Aids
A Vigs
X Aids
A Aids

E asthma
A asma
X umbefu
Z umbefu

E bilharzia
A bilharzia
X ibhilhaziya
Z ibhilihaziya

E blister
A blaas
X indyungudyungu
Z ipoto

E cancer
A kanker
X umhlaza
Z umhlaza

E chicken-pox
A waterpokkies
X ingqakaqha
Z inqubulunjwana

E cholera
A cholera
X ikholera
Z ikholera

E cold
A verkoue
X umkhuhlane
Z umkhuhlane

E cough
A hoes
X ukukhohlela
Z ukukhwehlela

E depression
A depressie
X ukudakumba
Z iziyane

E diabetes
A suikersiekte
X isifo seswekile
Z idayabhithizi

E diarrhea (Brit. diarrhoea)
A diarree
X urhudo
Z uhudu

E fever
A koors
X ifiva
Z imvifa

E flu
A griep
X umkhuhlane
Z umkhuhlane

E headache
A hoofpyn
X intloko ebuhlungu
Z ikhanda

E high blood pressure
A hoë bloeddruk
X ihayihayi
Z ihayihayi

E malaria
A malaria
X icesina
Z umalaleveva

E measels
A masels
X imasisi
Z isamungu

E mumps
A pampoentjies
X uqwilikwane
Z uzagiga

E pain
A pyn
X intlungu
Z ubuhlungu

E paralysis
A verlamming
X imfa-ndawo
Z umthwebulo

E tuberculosis
A tering
X isifo sephepha
Z isifo sesifuba

35. Workshop—Werkswinkel—Indlu yokusebenzela—Ishabhu

E English—A Afrikaans—X Xhosa—Z Zulu

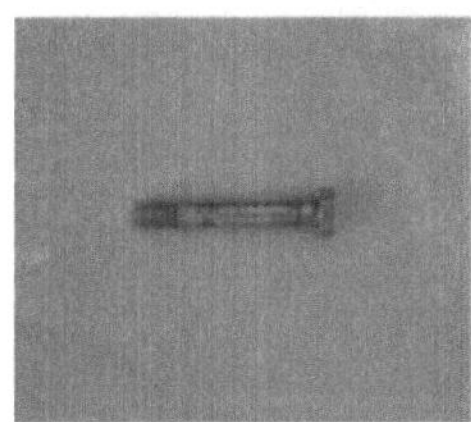

E bolt

A bout

X ibholiti

Z ibholithi

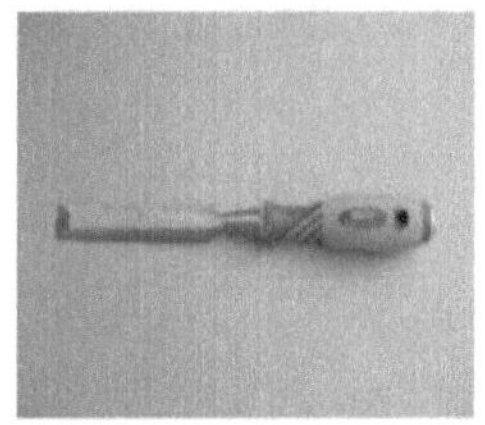

E chisel

A beitel

X isitshwezi

Z ishizolo

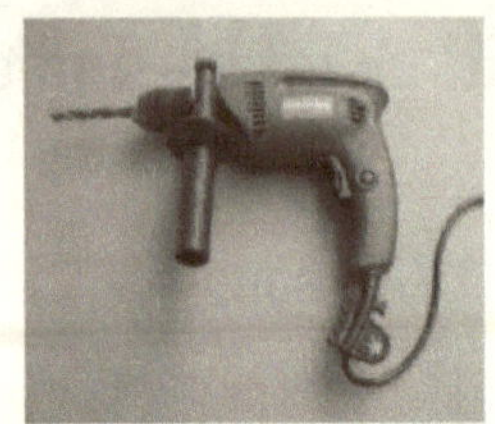

E drill
A boor
X ibhola
Z ibhola

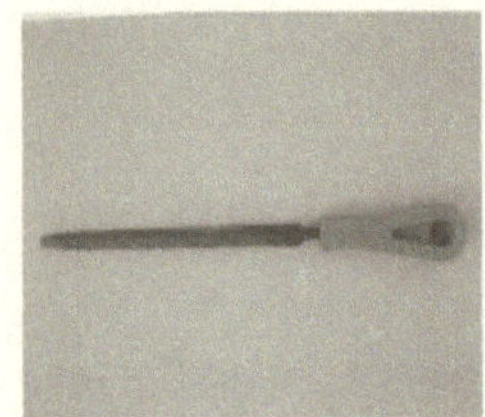

E file
A vyl
X ifili
Z ifayili

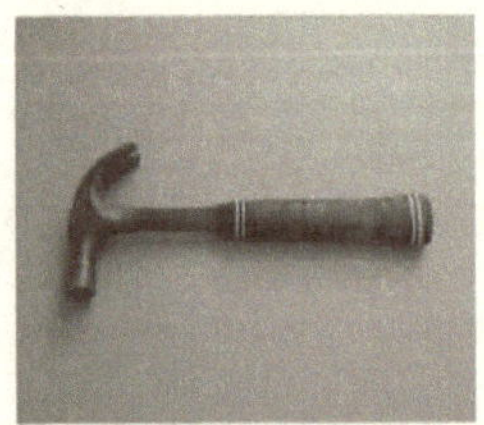

E hammer
A hamer
X isando
Z isando

E ladder
A leer
X ileli
Z iladi

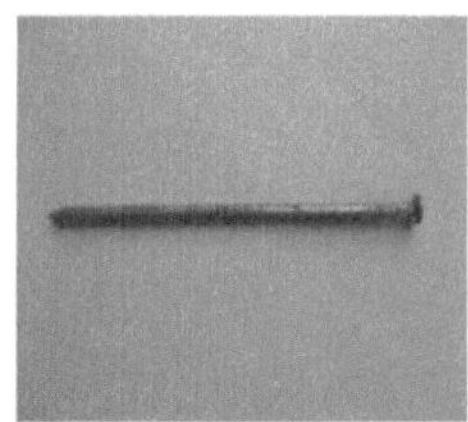

E nail
A spyker
X isikhonkwane
Z isipikili

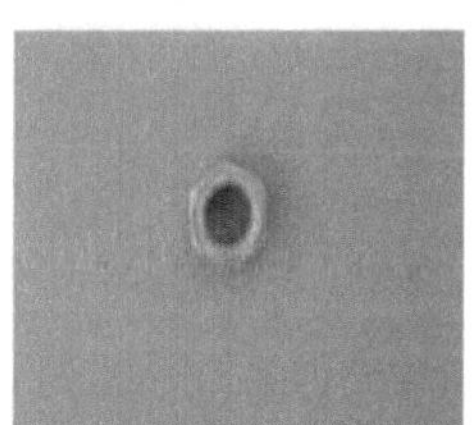

E nut
A moer
X imortyisi
Z inati

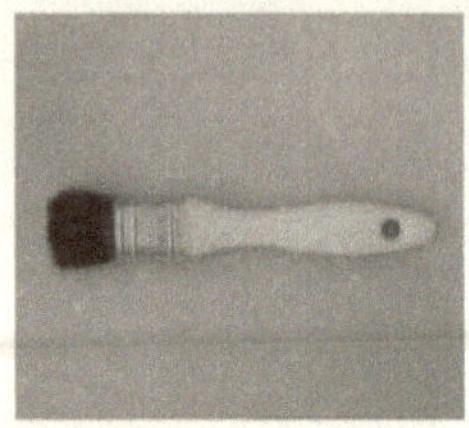

E paintbrush
A verfkwas
X ibrashi yokupeyinta
Z ibhulashi lokupenda

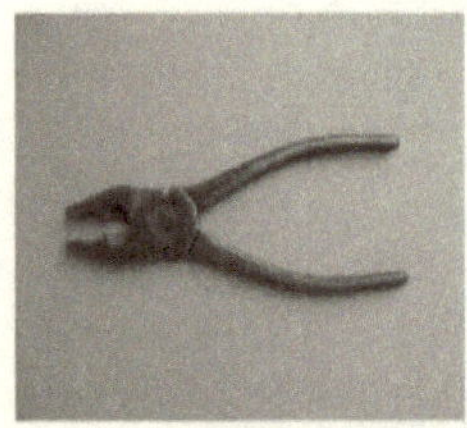

E pliers
A knyptang
X iplayazi
Z udlawana

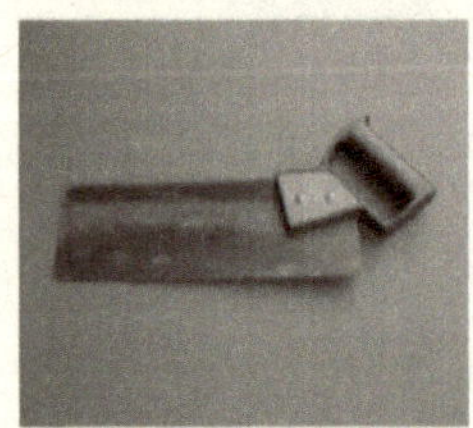

E saw
A saag
X isarha
Z isaha

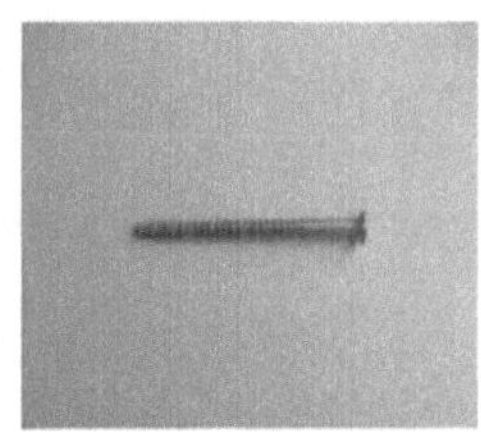

E screw
A skroef
X isikrufu
Z isikulufo

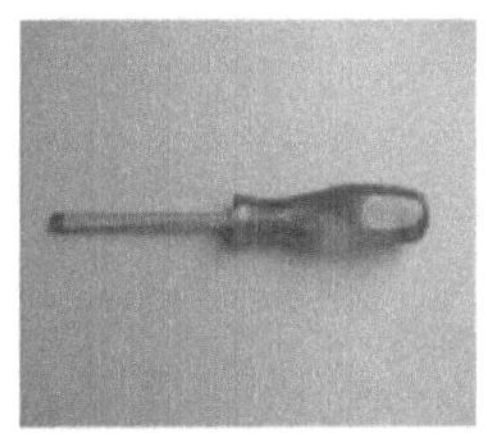

E screwdriver
A skroewedraaier
X isikrufeli
Z isikuludilayiva

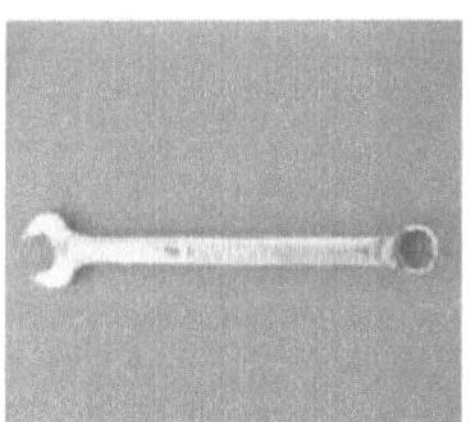

E spanner
A moersleutel
X isipanela
Z isipanela

E trowel
A troffel
X itrofolo
Z itrofela

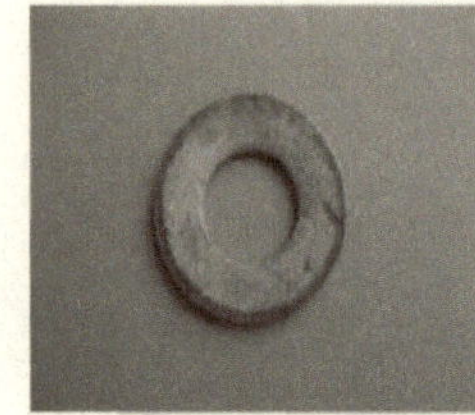

E washer
A waster
X iwasha
Z iwashazi

36. Sea—See—Ulwandle—Ulwandle

E beach
A strand
X unxweme
Z ibhishi

E dune
A duin
X indunduma
Z indunduma

E habor (Brit. harbour)
A hawe
X izibuko
Z itheku

E lighthouse
A vuurtoring
X isibane solwandle
Z isibubulungu

E sand
A sand
X intlabathi
Z isihlabathi

E seaweed
A seewier
X ingca yolwandle
Z ukhuningomile

E shell
A skulp
X unokrwece
Z inkwindi

E wave
A brander
X iliza
Z iliza

E English—A Afrikaans—X Xhosa—Z Zulu

E airplane (Brit. aeroplane)

A vliegtuig

X ieropleni

Z ibhanoyi

E ambulance

A ambulans

X iambulensi

Z iambulense

E bicycle
A fiets
X ibhayisikile
Z ibhayisikili

E boat
A boot
X iphenyane
Z isikebhe

E bus
A bus
X ibhasi
Z ibhasi

E canoe
A kano
X iphenyane
Z isikebhe

E car
A motor
X imoto
Z imoto

E cart
A karretjie
X ikari
Z ikalishi

E helicopter
A helikopter
X ihelikopta
Z ihelikhopta

E minibus (SA kombi)
A kombi
X ikhumbi
Z ikhumbi

E motorcycle
A motorfiets
X isithuthuthu
Z isithuthuthu

E pick-up truck (SA bakkie)
A bakkie
X ibhaki
Z isikeqane

E scooter
A bromponie
X isikuta
Z isikuta

E ship
A skip
X inqanawa
Z umkhumbi

E taxi

A taxi

X iteksi

Z ithekisi

E tractor

A trekker

X itrekta

Z ugandaganda

E trailer (Brit. caravan)

A woonwa

X ikharavani

Z ikharavani

E train
A trein
X uloliwe
Z isitimela

E truck (lorry)
A lorrie
X ilori
Z iloli

E tug
A sleepboot
X udokolwana
Z ingalawana

38. Music—Musiek—Umculo—Umculo

E English—A Afrikaans—X Xhosa—Z Zulu

E band
A orkes
X ibhanti
Z ibhendi

E banjo
A banjo
X ibhanjo
Z ibhenjo

E CD
A CD
X iCD
Z iCD

E choir
A koor
X ikwayari
Z ikwaya

E drum
A drom
X igubo
Z isigubhu

E flute
A fluit
X ifleyiti
Z umtshingo

E guitar
A kitaar
X ikatala
Z ukatali

E keyboard
A klawerbord
X ikhibhodi
Z ikhibhodi

E orchestra
A orkes
X iorkhestra
Z iokhestra

E organ
A orrel
X i-ogani
Z i-ogani

E piano
A klavier
X ipiyano
Z upiyane

E radio
A radio
X iwayelesi
E rediyo

E violin
A viool
X ivayolini
Z ivayolini

E ball
A bal
X ibhola
Z ibhola

E cricket
A krieket
X ikrikethi
Z ikhilikithi

E goal
A doel
X igoli
Z igoli

E golf ball
A gholfbal
X ibhola yegalufa
Z ibhola legalofu

E hockey
A hokkie
X ihoki
Z ihoki

E racket
A raket
X irakethi
Z irakhethi

E referee
A skeidsregter
X usompempe
Z unompempe

E rugby
A rugby
X iragbhi
Z iragbhi

E soccer (Brit. football)

A sokker

X isoka

Z unobhutshuzwayo

E spectators

A toeskouers

X ababukeli

Z izibukeli

E stadium

A stadion

X istediyam

Z inkundla yemidlalo

E swimming

A swem

X ukudada

Z ukubhukuda

E tennis

A tennis

X itenetya

Z ithenisi

40. Careers—Beroepe—Imisebenzi—Imisebenzi

E English—A Afrikaans—X Xhosa—Z Zulu

E actor
A akteur
X umdlali
Z umdlali

E author
A skrywer
X umbhali
Z umbhali

E barber
A haarkapper
X umchebi
Z umgundi

E builder
A bouer
X umakhi
Z umakhi

E butcher
A slagter
X unosilarha
Z ubhusha

E carpenter
A skrynwerker
X umchweli
Z imbazi

E chef
A sjef
X utshefu
Z ushefu

E doctor
A dokter
X ugqirha
Z udokotela

E engineer
A ingenieur
X injineli
Z injiniya

E farmer
A boer
X umfama
Z ifama

E hairdresser
A haarkapper
X umchebi
Z umcwali

E judge
A regter
X ijaji
Z ijaji

E lawyer (Brit. attorney)
A prokureur
X igqwetha
Z ummeli

E manager
A bestuurder
X umphathi
Z imeneja

E mechanic
A werktuigkundige
X umkhandi
Z umakheniki

E nurse
A verpleegkundige
X umongikazi
Z unesi

E pharmacist (Brit. chemist)
A apteker
X ikhemesti
Z umkhemisi

E policeman
A polisieman
X ipolisa
Z iphoyisa

E postman
A posbode
X unoposi
Z umuntu weposi

E sailor
A matroos
X umatiloshe
Z itilosi

A secretary
E sekretaris
X unobhala
Z unobhala

E supervisor
A toesighouer
X umongameli
Z umhloli

E teacher
A onderwyser
X utitshala
Z uthishela

E waiter
A kelner
X iweyitala
Z uweta

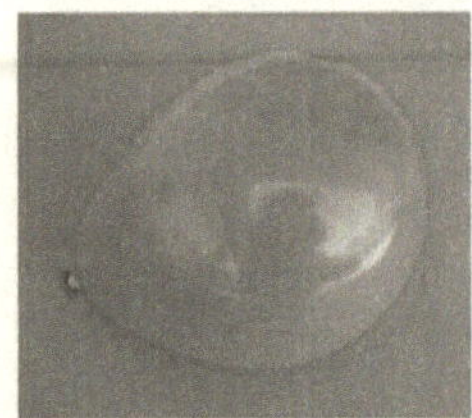

E balloon
A ballon
X ibhaloni
Z ibhanoyi

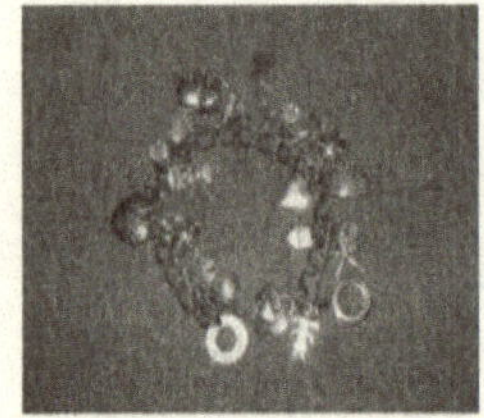

E bangle
A armband
X isacholo
Z ibhengele

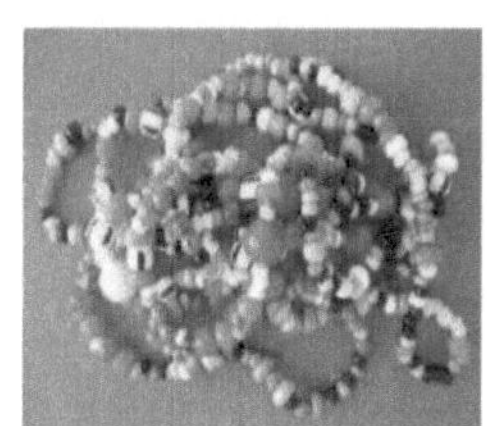

E beads
A krale
X amaso
Z uhublalu

E box
A boks
X ibhokisi
Z ibhokisi

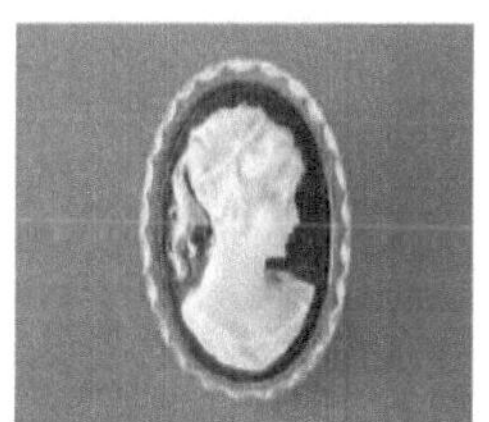

E brooch
A borsspeld
X ibrotshi
Z ibhiloshi

E brush
A borsel
X ibrashi
Z ibhulashi

E candle
A kers
X ikhandlela
Z ikhandlela

E cave
A grot
X umqolomba
Z umgede

E cellphone
A selfoon
X iselfowuni
Z iselula

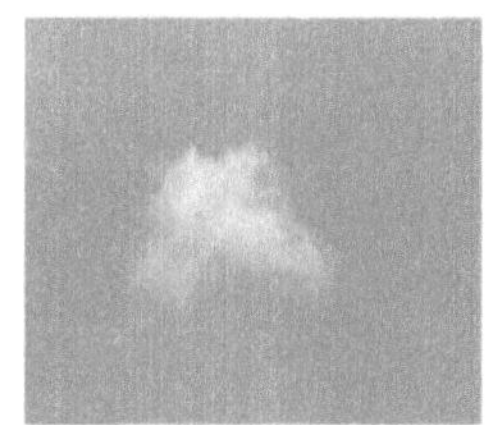

E cloud
A wolk
X ilifu
Z ifu

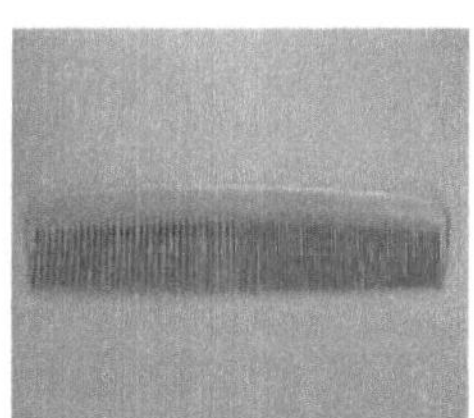

E comb
A kam
X ikama
Z ikamu

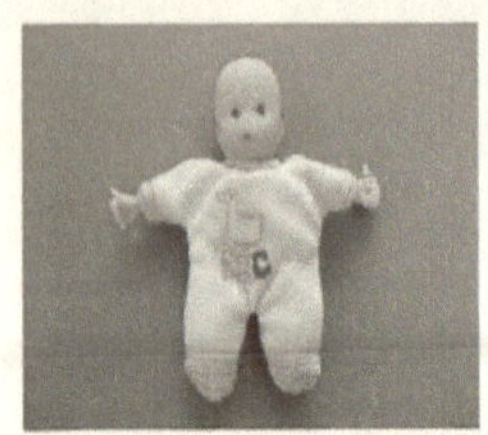

E doll
A pop
X unopopi
Z udoli

E earring
A oorbel
X icici
Z icici

E feather
A veer
X usiba
Z uphaphe

E flag
A vlag
X iflegi
Z ifulegi

E flashlight (Brit. torch)
A flits
X itotshi
Z ithoshi

E glasses
A bril
X iindondo
Z izibuko

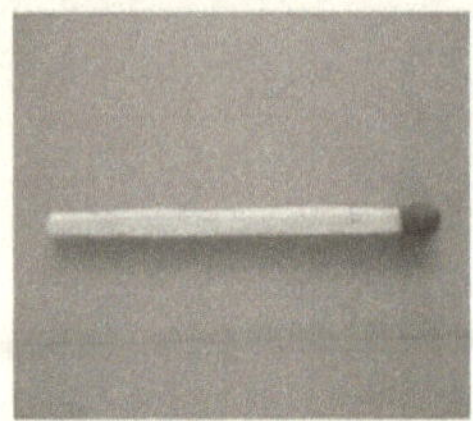

E match
A vuurhoutjie
X imatshisi
Z umentshisi

E money
A geld
X imali
Z imali

E mountain
A berg
X intaba
Z intaba

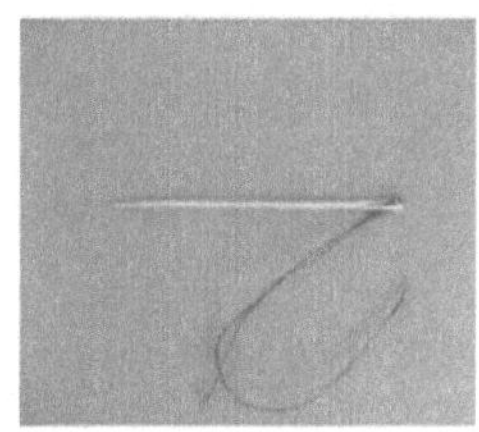

E needle

A naald

X inaliti

Z inaliti

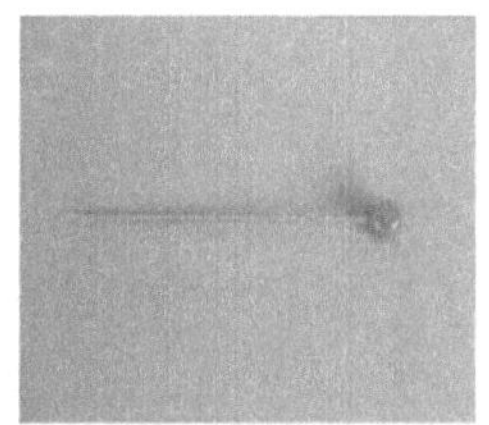

E pin

A koppiespeld

X unotaka

Z isipeleti

E purse

A beursie

X isipaji

Z isikhwama semali

E revolver
A rewolwer
X ivolovolo
Z ivolovolo

E ring
A ring
X umsesane
Z indandatho

E river
A rivier
X umlambo
Z umfula

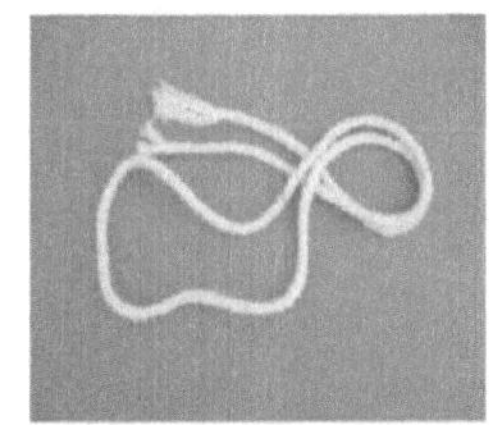

E rope
A tou
X intambo
Z umkhumbi

E sun
A son
X ilanga
Z ilanga

E telephone
A telefoon
X ifoni
Z ithelefoni

E tombstone
A grafsteen
X ilitye lengcwaba
Z itshe lethuna

E umbrella
A sambreel
X isambrela
Z isambulela

E waterfall
A waterval
X ingxangxasi
Z impophoma

E ask
A vra
X buza
Z buza

E bake
A bak
X bhake
Z bhaka

E bring
A bring
X zisa
Z letha

E buy
A koop
X thenga
Z thenga

E call
A roep
X biza
Z biza

E carry
A dra
X thwala
Z thwala

E catch
A vang
X bamba
Z bamba

E come
A kom
X za
Z za

E drink (v)
A drink
X sela
Z phuza

E help
A help
X nceda
Z siza

E how?
A hoe?
X njani?
Z njani?

E listen
A luister
X mamela
Z lalela

E many
A baie
X ninzi
Z ningi

E next
A volgende
X landelayo
Z landelayo

E no
A nee
X hayi
Z cha

E now
A nou
X ngoku
Z manje

E please
A asseblief
X nceda
Z ake/siza

E stop
A stop
X yima
Z yima

E thank you
A dankie
X enkosi
Z ngiyakubonga

E when?
A wanneer?
X nini?
Z nini?

E where?
A waar?
X phi?
Z phi?

E yes
A ja
X ewe
Z yebo

43. Phrases—Frases—Amabinzana—Amabinzana

E English—A Afrikaans—X Xhosa—Z Zulu

E How are you?
A Hoe gaan dit met jou?
X Unjani?
Z Unjani?

E I am fine, thank you
A Dit gaan goed, dankie
X Ndiphilile, enkosi
Z Ngisaphila

E Who is there?
A Wie is daar?
X Ngubani olapho?
Z Kukhona ubani?

E What do you want?
A Wat wil jy hê?
X Ufunani?
Z Ufunani?

E Can I help?

A Kan ek help?

X Ndinganceda?

Z Ngingasiza na?

E Come here

A Kom hier

X Yiza apha

Z Woza lapha

E Come in

A Kom binne

X Ngena

Z Ngena

E Follow me

A Volg my

X Ndilandele

Z Ngilandele

E What is you name?

A Wat is jou naam?

X Ungubani igama lakho?

Z Ubani igama lakho?

E My name is …
A My naam is …
X Igama lam ngu…
Z Igama lami ngingu…

E What is your surname?
A Wat is jou van?
X Ungubani ifani yakho?
Z Ungubani isibongo sakho?

E My surname is …
A My van is …
X Ifani yam ndingu…
Z Isibongo sami ngingu …

E How old are you?
A Hoe oud is jy?
X Umdala kangakanani?
Z Uneminyaka emingaki?

E I am … years old
A Ek is … jaar oud
X Ndine … minyaka ubudala
Z Ngineminyaka eyi… ubudala

E Where do you live?
A Waar woon jy?
X Uhlala phi?
Z Uhlalaphi?

E I live in …
A Ek woon in …
X Nidihlala …
Z Ngihlala …

E Where are you going?
A Waar gaan jy heen?
X Uyaphi?
Z Uyaphi?

E I am going to …
A Ek gaan … toe
X Ndiya e …
Z Ngiya …

E Do you understand?
A Verstaan jy?
X Uyaqonda na?
Z Uyezwa na?

E I don't understand
A Ek verstaan nie
X Andiqondi
Z Angizwa

E Wait a minute
A Wag net 'n minuut
X Khawume kancinane
Z Yima kancane

E What is the time?
A Hoe laat is dit?
X Ngubani ixesha?
Z Sekuyisikhathi sini?

E It is late
A Dit is laat
X Kusemva kwexesha
Z Isikhathi sesishayile

E I must go now
A Ek moet nou gaan
X Mandihambe ngoku
Z Sekufanele ngihambe manje

E I am busy

A Ek is besig

X Adixakekile

Z Ngibambekile

E I am sorry

A Ek is jammer

X Ndixakekile

Z Ngidabukile

E I know

A Ek weet

X Ndiyazi

Z Ngiyazi

E I don't know

A Ek weet nie

X Andazi

Z Angazi

E What is it?

A Wat is dit?

X Yintoni?

Z Yini?

E What happened?
A Wat het gebeur?
X Kwenzekani?
Z Kwenzenjani?

E How much does it cost?
A Hoeveel kos dit?
X Ixabisa malini?
Z Kubiza malini?

E It costs …
A Dit kos …
X Ixabisa …
Z Kubiza …

E Who is speaking?
A Wie praat?
X Ngubani othethayo?
Z Ubani okhulumayo?

E I'll go and call him
A Ek sal hom gaan roep
X Ndiza kumbiza
Z Ngiyombiza

E Please call the police
A Ontbied asseblief die polisie
X Nceda ubize amapolisa
Z Ngicela ubize amaphoyisa

E May I have some water?
A Kan ek water kry?
X Ndingafumana amanzi?
Z Ngicela amanzi?

E I am ill
A Ek is siek
X Ndiyagula
Z Ngiyagula

E Are you hurt?
A Het jy seergekry?
X Ingaba wenzakele?
Z Ulimele na?

E Do not move
A Moenie beweeg nie
X Ungashukumi
Z Unganyakazi

E Phone an ambulance

A Skakel 'n ambulans

X Fonela iambulensi

Z Shayela iambulense ucingo